おいしい

ご当地

駅みやげ大百科

お菓子・スイーツ編

「旅と鉄道」編集部 編

イカロス出版

目次

協力：JR北海道フレッシュキヨスク株式会社、株式会社JR東日本クロスステーション、
株式会社JR東海リテイリング・プラス、JR九州リテール株式会社

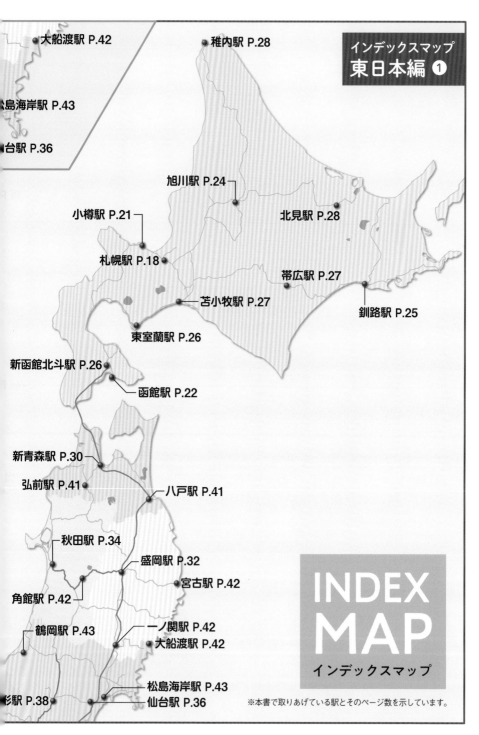

大船渡駅 P.42

稚内駅 P.28

島海岸駅 P.43

台駅 P.36

旭川駅 P.24

小樽駅 P.21

北見駅 P.28

札幌駅 P.18

帯広駅 P.27

苫小牧駅 P.27

釧路駅 P.25

東室蘭駅 P.26

新函館北斗駅 P.26

函館駅 P.22

新青森駅 P.30

弘前駅 P.41

八戸駅 P.41

秋田駅 P.34

盛岡駅 P.32

宮古駅 P.42

角館駅 P.42

鶴岡駅 P.43

一ノ関駅 P.42

大船渡駅 P.42

INDEX
MAP
インデックスマップ

松島海岸駅 P.43

杉駅 P.38

仙台駅 P.36

※本書で取りあげている駅とそのページ数を示しています。

INDEX MAP

インデックスマップ 東日本編 ❷

一ノ関駅 P
鶴岡駅 P.43
山形駅 P.38
新潟駅 P.66
赤湯駅 P.43
二本松駅 P.44
福島駅 P
会津若松駅 P.44
郡山駅 P.40
直江津駅 P.78
新高岡駅 P.78
富山駅 P.72
那須塩原駅 P.62
いわき駅 P.44
東武日光駅 P.49
長野駅 P.68
宇都宮駅 P.50
高山駅 P.94
高崎駅 P.52
松本駅 P.70
軽井沢駅 P.79
水戸駅 P
郡上八幡駅 P.94
甲府駅 P.71
熊谷駅 P.63
大宮駅 P.62
恵那駅 P.93
川越駅 P.54
浅草駅 P.61
中津川駅 P.93
上野駅 P.56
成田駅 P.63
飯田駅 P.80
東京駅 P.46
千葉駅 P.60
犬
山岡駅 P.93
富士山駅 P.80
P.
鎌倉駅 P.58
品川駅 P.61
三島駅 P.91
新横浜駅 P.57
静岡駅 P.82、124
焼津駅 P.124
安房鴨川駅 P.64
館山駅 P.64
浜松駅 P.85
豊橋駅 P.88
小田原駅 P.64
熱海駅 P.84、124
伊豆急下田駅 P.91
伊豆高原駅 P.91

インデックスマップ
西日本編

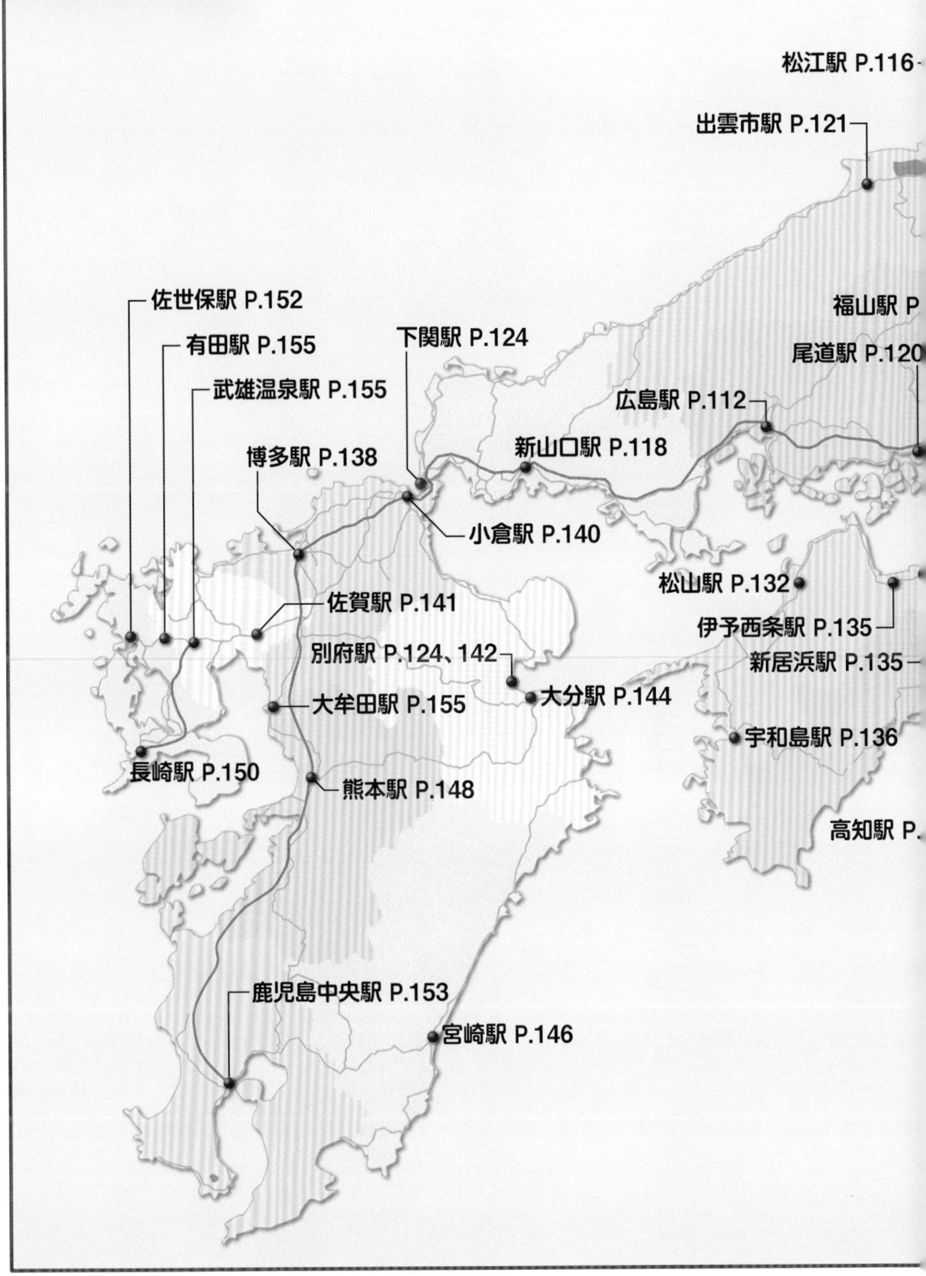

松江駅 P.116

出雲市駅 P.121

福山駅 P

佐世保駅 P.152

有田駅 P.155

武雄温泉駅 P.155

下関駅 P.124

尾道駅 P.120

広島駅 P.112

博多駅 P.138

新山口駅 P.118

小倉駅 P.140

佐賀駅 P.141

松山駅 P.132

別府駅 P.124、142

大分駅 P.144

伊予西条駅 P.135

新居浜駅 P.135

大牟田駅 P.155

宇和島駅 P.136

長崎駅 P.150

熊本駅 P.148

高知駅 P.

鹿児島中央駅 P.153

宮崎駅 P.146

駅で出会う、旅のおみやげ

「日本三大うまいおみやげ」がSNSで話題になったことがあった。味も知名度も文句がない「赤福」(三重県)、「博多通りもん」(福岡県)は確定として、残る一枠を確定させる"神おみやげ"を教えてほしい……。これに対し、2000件を超える応答があり、全国のさまざまな商品が挙げられた。「萩の月」(宮城県)、「生八ッ橋」(京都府)、「白い恋人」(北海道)、「ままどおる」(福島県)……一度は食べたことがあるであろうド定番はもちろん、地元民しか知らないソウルおやつを推す声も少なくなかった。誰でも一つくらいは、自分にとって大切なおみやげがあるのではないだろうか。

本書では、鉄道の駅で買える「お菓子・スイーツ系」のおみやげに注目。「駅構内」「駅直結の商業施設」「駅前の店舗」に絞り、その土地ならではのおみやげを厳選した。地元の名所を形どったお菓子や、その土地にまつわる知られざる逸話を伝える銘菓を極力収録している。鉄道旅の一助にしてほしい。

ニッポンのおみやげ文化は鉄道が切り開いた!?

文／鈴木勇一郎

旅行先で買ってきたおみやげの菓子類を仲間たちに配る習慣は、海外には見られない日本独自の文化である。そんな日本のおみやげ文化は、鉄道の発展とのかかわりが深い。吉備団子や赤福などが名物みやげとなる軌跡を交えつつ、鉄道とおみやげの深い関係を見てみよう。

鉄道開通を機に特産品の"おみやげ化"がスタート

全国各地の観光地を訪れると、至るところで「おみやげ」が売られているのを目にする。売り場の主役を占めているのは、たべ物類をおみやげにすることは、非現実的いていはその土地の由緒と結び付いた名物だったのである。

菓子である。

江戸時代、伊勢参りをはじめとする寺社参詣の旅でも数多くのおみやげがあったが、多くは団扇や煙草入れ、薬といった軽量で腐らないものばかり。徒歩での旅では、食べ物類をおみやげにすることは、非現実的

こうした状況は、明治時代に入り鉄道が開業すると、大きく変わっていく。

静岡の安倍川のたもとで売られてきた安倍川餅は、きな粉をまぶして作る餅菓子で、江戸時代から東海道の名物として知られてきた。ところが、東海道線が開通して静岡に停車場が設けられると、古くからの街道を通る旅人が激減し、茶屋の名物としての安倍川餅は、すっかり寂れた。

そこで静岡駅の駅弁業者は、この安倍川餅を駅の構内で売るため、餅ではなく求肥を使って保存性を向上させ、おみやげとして蘇らせることに成功した。

岡山駅ホームで販売され
吉備団子が大ヒット！

岡山名物の吉備団子といえ

ば、桃太郎が鬼ヶ島へ鬼退治に行く際に、サルやイヌ、キジに与えて子分にしたという伝説が思い浮かぶかもしれない。注意しなければならないのは、桃太郎が彼らに与えたのは穀物のキビで作った「黍団子」であって、吉備国の「吉備団子」ではなかったことである。この二つは同音だが、直接の関係はない。

吉備団子が全国的な知名度を得るうえで、日清戦争（1894〜95年）は大きなき

江戸時代の浮世絵に描かれている安倍川餅の茶屋。舞台は、安倍川のほとりにある東海道の府中宿（静岡県静岡市）。当時は川に架かる橋がなく、街道を行き交う旅人たちにとって安倍川は難所になっていた。安倍川餅は、この先で川を渡る人々の腹ごしらえとして親しまれていた。 歌川広重「東海道五拾三次（行書東海道）府中」より（慶應義塾所蔵）

つかけになった。全国から動員された将兵は、鉄道で広島の宇品（うじな）に集められ、そこから戦地へと旅立つのが一般的だった。戦争終結後将兵たちは、再び鉄道に揺られて一斉に帰還することになる。

帰還ルート上に位置する岡山駅では、吉備団子を販売していた廣榮堂（こうえいどう）は積極的なPRを展開。駅で帰還する将兵を待つだけでなく、主人自ら広島まで赴き、桃太郎の扮装で彼らを出迎えて吉備団子購入の予約を取ったという。戦争を桃太郎の鬼退治になぞらえ、吉備団子をアピールしたいというわけだ。

帰還兵たちはこうして、岡山駅で吉備団子を買い求め、故郷へのおみやげとして各地へと散らばっていった。ここで重要なのは、駅のプラットホームで売り子が商品名を連呼しながら売っていたことだ。名物を周知させるツールが限られていた当時、商品名を叫びながら販売するスタイル自体が、名物としての知名度を向上させるうえで大きな役割を果たしたのだ。

駅での構内販売を機に "おみやげ化" が実現した赤福

伊勢神宮内宮の門前町に現在でも本店を構える赤福は、江戸時代から続く老舗。長旅を経てたどり着いた参拝者の腹ごしらえとして、人気を集めた。とはいえ、江戸時代では伊勢を代表する名物としての地位を確立していたわけではなかった。

かつての駅のホームでは、おみやげの立ち売り販売が行われた。商品名を連呼する売り子たちの姿は、乗客たちの印象に刻まれ、広告効果が高かった。窓越しに商品と代金をやりとりする光景は、今となってはもう見られない

赤福の発展において大きなきっかけとなったのは、日露戦争（1904〜05年）終結後の明治天皇の伊勢行幸だった。行幸に際して、赤福がはじめて天皇のもとに献上され、これを機会に赤福の名が大きく喧伝されるようになったという。

赤福はその後、材料を黒糖から白砂糖へと変えて日持ちするよう改良したうえ、新たに折詰を開発し、駅の構内販売に進出。旅先で味わう名物からおみやげへ、その姿は大きく変貌を遂げた。それでも生のあんころ餅のため、あまり日持ちしない。鉄道が普及してきたとはいえ、この時代はまだ蒸気機関車が主体のため、それほど速いスピードではなく、観光客が自宅で気軽に味わえるものとはいえなかった。

実際のところ、戦前における伊勢みやげの主役は、生姜糖であった。生姜糖は、生姜の絞り汁に砂糖水を加えて煮詰め、型に入れて固めて作る。赤福とは異なり、生モノではないのである程度の保存がきく。

この時期におみやげとして好まれた菓子類は、京都の八ツ橋や五色豆、大阪の粟おこしといった日持ちがしてかさばらないものが多かった。

新幹線の開通を経て 菓子類おみやげの全盛時代へ

状況が大きく変わったのは、新幹線の登場だった。それまでに比べて圧倒的なスピードアップが実現したことで、日帰りで往復できる距離が大幅に拡大した。赤福の需要は増大し、伊勢だけでなく、名古屋や大阪、京都などの駅の売店で売られることになった。

名物菓子が次々と登場しつつも、昭和末

期の全国の観光地にあるみやげ物店では、提灯やペナント、将棋のコマ型の通行手形といった〝モノ系〟が売り場でそれなりの位置を占めていた。ところが現在の日本のみやげ物店では、こうしたみやげ物はほぼ駆逐され、菓子を中心とする食品類が売り場の大半を占めている。

平成のおよそ30年の間にこのような変化が進んでいったはずだが、その詳細は明らかではない。さ

おみやげの主流は、モノから食べ物へとシフト。各地で特産品を原材料にした菓子・スイーツが続々と登場している

しあたり想定できるのは、新幹線や高速道路、航空路の整備などで旅のスピードが非常に速くなり、結果として旅行がより気軽なものになったことに関係するのだろう。

その変化に合わせて、気軽に分けて食べることのできるお菓子がより好まれるようになった……ということではないだろうか。

鈴木 勇一郎
すずき・ゆういちろう

1972（昭和47）年、和歌山県生まれ。青山学院大学大学院文学研究科博士後期課程修了。博士（歴史学）。川崎市市民ミュージアム学芸員。主な著書に『おみやげと鉄道』（講談社）など。

北海道

札幌駅

さっぽろ

JR函館本線

実食Check ☑

ISHIYA

白い恋人

12枚入 1,036円〜

北海道みやげの定番

オリジナルチョコレートをサクサク食感のラング・ド・シャ（クッキー）でサンド。「白い恋人」の商品名は、降り始めた雪を見た創業者の「白い恋人たちが降ってきたよ」という一言にちなむ。

販売 北海道四季マルシェ 札幌ステラプレイス店（駅構内）、北海道四季彩館 札幌東店（駅構内）、北海道どさんこプラザ 札幌店（駅構内）、ISHIYA 大丸札幌店（駅直結「大丸札幌」地下1階）、ISHIYA さっぽろ東急百貨店（駅直結「さっぽろ東急百貨店」地下1階）ほか

実食Check ☐ **六花亭**

マルセイバターサンド

5個入 750円〜

レトロな包み紙にも注目！

北海道産の生乳100%のバターとホワイトチョコレート、レーズンを合わせたクリームをビスケットでサンド。商品名は、「十勝開拓の祖」とされる依田勉三氏が率いた晩成社のバター「マルセイバタ」に由来し、パッケージのデザインもそのラベルを模している。

販売 北海道四季マルシェ 札幌ステラプレイス店（駅構内）、北海道四季彩館 札幌東店（駅構内）、北海道どさんこプラザ 札幌店（駅構内）、六花亭 大丸札幌店（駅直結「大丸札幌」地下1階）、六花亭 東急札幌店（駅直結「さっぽろ東急百貨店」地下1階）

佐藤堂

ピスタチオの北海道熊もなか

ピスタチオ餡と小豆餡

1個 450円／6個入化粧箱 3,030円

実食Check ☐

愛らしい熊にほっこり

札幌の人気店「パフェ佐藤」がプロデュースしているピスタチオ専門店の看板商品。北海道みやげの定番「木彫りの熊」をモチーフにしており、中にはピスタチオを練り込んだピスタチオあんと北海道産小豆のこしあんがたっぷり。

販売 佐藤堂（駅直結「大丸札幌」8階）

018

札幌千秋庵

実食Check ☐

生ノースマン 4個入 980円

**パイ生地、あんこ、生クリームの
絶妙なハーモニー**

1974（昭和49）年の販売開始以来、北海道の銘菓として
定着している「ノースマン」。「生ノースマン」はその進化版
として2022（令和4）年に登場したお菓子（要冷蔵）で、サ
クサクのパイ生地にあんこと生クリームがぎっしり！

販売 札幌千秋庵 大丸札幌店（駅直結「大丸札幌」地下1階）

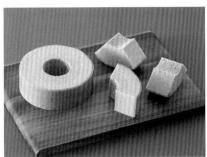

きのとや

実食Check ☐

きのとや
バームクーヘン

Sサイズ 1,600円 ／ Mサイズ 2,400円

**北海道の厳選素材を使った
絶品スイーツ**

北海道産の素材にこだわる札幌の洋菓子店
「きのとや」の逸品。北海道産の小麦粉、発酵
バター、生クリーム、てんさい糖を使い、手間
と時間をかけ一本一本丁寧に焼きあげている。

販売 きのとや 大丸店（駅直結「大丸札幌」地
下1階）

実食Check ☐ HORI

夕張メロン
ピュアゼリー

6個入 1,512円

夕張メロンの完熟果肉を使用

高級フルーツの代名詞、夕張メロンの完
熟果肉を贅沢に使用したゼリーで、メロン
本来の芳醇な香りがたまらない。冷蔵庫
でひんやり冷やしてから食べよう。

販売 北海道四季マルシェ 札幌ステラプレ
イス店（駅構内）、北海道どさんこプラザ
札幌店（駅構内）

ロングセラー

実食Check ☐

谷田製菓

日本一きびだんご
140円

道民のおやつとしておなじみ

1923（大正12）年に「日本一きび
だんご」の発売を始めた老舗菓子
メーカー、谷田製菓。自然由来の
原材料しか使用せず、香ばしさと
やさしい甘みが広がる。右は、プ
ロ野球の北海道日本ハムファイタ
ーズとのコラボ商品。

販売 北海道四季マルシェ 札幌ステ
ラプレイス店（駅構内）、北海道ど
さんこプラザ 札幌店（駅構内）

ファイターズ
きびだんご 259円

北海道のきびだんご

「きびだんご」といえば、全国的に
は穀物のキビ粉を使った岡山名物
として知られるが、北海道ではそれ
とは全く異なる短冊形の独自の菓
子。関東大震災の教訓から「起きる
に備え、団結して助け合って」と復
興を願った「起備団合」という字を
当て、きびだんごと読んで命名した。

実食Check ☑ 札幌農学校
北海道ミルククッキー

12枚入 650円 ／ 24枚入 1,300円〜

北海道の自然の恵みをクッキーに

北海道産の小麦とバター、新鮮なミルクを使い、豊かな風味が感じられるサクッと軽い食感のクッキー。「札幌農学校」は、現北海道大学の前身で、クラーク博士らが教鞭をとった学校名。北海道大学の認定を受けている。

販売 北海道四季マルシェ 札幌ステラプレイス店（駅構内）、北海道どさんこプラザ札幌店（駅構内）ほか

実食Check ☑ わかさいも本舗
わかさいも 6個入 860円〜

北海道産の原料で焼きいもを表現

「サツマイモが採れない北海道で、焼きいもを作りたい」という創業者の思いから、1930（昭和5）年に誕生。北海道産の大福豆を主原料にして白あんを作り、イモの筋に見立てて昆布を練り込み、卵醤油を塗って焼き上げ、焼き芋の香りを表現した。

販売 わかさいも 札幌アピア店
（駅直結「アピア」WEST 地下1階）

実食Check ☑ あべ養鶏場
えっぐぷりん 1個 420円〜

北の大地の養鶏場が作った手作りプリン

北海道下川町の自社養鶏場でとれた「下川六〇酵素卵」をたっぷり使った、濃厚な味わいのプリン。素材はすべて北海道のもので手作りし、卵の風味を堪能するため、あえてカラメルソースを使っていない。

販売 直営店 あべ養鶏場えっぐぷりん（駅構内）

実食Check ☑ 北菓楼
北海道開拓おかき

増毛甘エビ ほか
各490円〜

北海道の海の幸を手軽に味わう

北海道の良質な海の幸を使ったおかきのシリーズ商品。おかきの元となる餅に海の幸の素材を練り込み、餅と一緒につき上げて乾燥、揚げて仕上げる。ラインナップには、函館産のいか、増毛産の甘エビ、標津産の秋鮭、枝幸産の帆立、えりも産の昆布などに加え、期間限定の味も。

販売 北海道四季マルシェ 札幌ステラプレイス店（駅構内）、北菓楼 大丸札幌店（駅直結「大丸札幌」地下1階）ほか

実食Check ☑ [SNOW] CHEESE（スノーチーズ）
SNOW WHITE CHEESE
（スノー ホワイト チーズ）
5個入 783円〜

香り立つ生食感チーズチョコレート

毎朝大行列ができる超人気店の看板商品。旨みを凝縮した"生食感チーズ"をホワイトチョコレートにブレンドし、香ばしいサクサクの生地で包んでスティックタイプに仕上げた。世界に誇る4人の北海道チーズ先駆者たちが監修している。

販売 ほっぺタウン（大丸札幌店 地下1階）

実食Check 六美

☐ **小樽たるどら**

餅入り 315円／栗餅入り 350円

小樽名物のどら焼き

小樽の老舗菓子店の名物どら焼き。北海道産の最高品質の小豆を使った自慢の特製あんの中に、北海道米の餅がゴロっと入り、はちみつの利いた皮でサンドしている。おみやげには、栗入りのたるどらとのセットがオススメ。

販売 駅なかマート「タルシェ」（駅構内）

実食Check 小樽洋菓子舗ルタオ

☐ **小樽色内通り フロマージュ**
いろ ない

10枚入 1,080円

「チーズクッキー×チーズチョコプレート」のハーモニー

コイン型のクッキー生地に、チョコレートをサンド。「ドゥーブルフロマージュ」と同じチーズを生地とチョコのいずれにも合わせ、味のバランスにこだわり抜いた。パッケージデザインは、古い洋館が残る小樽市内の色内通りをイメージしている。

販売 エキモ ルタオ（駅前「サンビルスクエア」1階）

実食Check 小樽洋菓子舗ルタオ

☐ **ドゥーブルフロマージュ**

2,160円

**北海道産ミルクで作る
2層のチーズケーキ**

小樽の人気洋菓子店の看板商品。北海道産の牛乳から作られた特製生クリームと、海外の絶品チーズを合わせて作る。上層はやわらかな口当たりのレアチーズケーキ、下層はコクのあるベイクドチーズケーキの、2層の異なる味わいが絶妙に調和する。

販売 エキモ ルタオ（駅前「サンビルスクエア」1階）

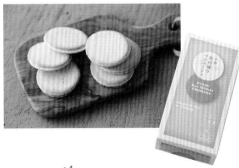

実食Check 飴谷製菓

☐ **北海道バター飴**　360円

小樽の飴専門の老舗が製造

1918（大正7）年創業の飴専門店が手掛けるキャンディー。人工甘味料を使わず、北海道産の甜菜（ビート）からとれた砂糖を使い、手作りによる昔ながらの製法を守る。しつこくない甘さが特徴。

販売 駅なかマート「タルシェ」（駅構内）

実食Check 函館洋菓子スナッフルス

☐ **チーズオムレット** 8個入 1,728円

"おいしい音"を聞いてみよう

函館で知名度抜群の一口タイプのスフレ風チーズケーキ。チーズや牛乳など北海道産の新鮮で良質な素材にこだわり、とろける食感は手作りだからこそ。スプーンを入れると「しゅわっ」という音が出るのは、きめ細やかに作られている証し。

販売 スナッフルス函館エキナカ店（駅構内）、北海道四季彩館 JR函館店（駅構内）

実食Check はこだて柳屋

☐ **ロマネスク函館**

ロマネスク函館こしあん ほか 各173円〜

"パイまんじゅう"として知られる函館の銘菓

1949（昭和24）年創業の老舗菓子店による、パイ生地で作るまんじゅう。北海道産の小豆を使った「こしあん」や、白あんとホワイトチョコレートを加えて雪の結晶の焼き印を入れた「ホワイト」など4種のラインナップ。

販売 北海道四季彩館 JR函館店（駅構内）

ロングセラー

実食Check 嘉福堂キッチン

☐ **はこだて雪んこ** 2個入 594円〜

雪のようにとろける"スイートポテト大福"

北海道厚沢部町産のサツマイモと函館産の牛乳でできたスイートポテトに、甘さ控えめの生クリームをトッピングし、初雪を思わせるふわふわの求肥で包んだ大福状のスイーツ。要冷凍で、半解凍にしてひんやりアイスのように食べるのがオススメ。

販売 北海道四季彩館 JR函館店（駅構内）

イカ伯爵の函館さきいか チョコレート　各 864円

函館特産のさきいかをチョコでコーティング

函館の人気ブランドさきいか「函館こがね」を、厳選ミルクチョコレートでコーティング。ザクザク食感を加えた「ザグザグフレークの旅立ち」など4種のフレーバーがある。本格チョコレートの甘みにさきいかの塩とダシが絡んだ"奇跡のおいしさ"をぜひ。販売店舗によって取扱いの種類が異なる。

販売 キングベークナチュラル JR 函館駅店（駅構内）、北海道四季彩館 JR 函館店（駅構内）

実食Check　キングベーク

函館ラスク　各 540円

おつまみにもGoodなラスク

北海道産の小麦粉とバターを原材料とする食パンで作ったラスク。一口サイズのサイコロ状なので食べやすく、サクサクとした食感がクセになる。外箱のポップなイラストが目を引く。バター、ブラックチョコレートなど全12種類を展開（販売店舗によって取扱いの種類が異なる）。

販売 キングベークナチュラル JR 函館駅店（駅構内）、北海道四季彩館 JR 函館店（駅構内）

LONG SELLER
ロングセラー

実食Check　スイーツギャラリー北じま

箱館塩かすてら

1,728円

隠し味に塩を使った 新感覚のカステラ

北海道産の小麦と道南産の卵で作ったしっとり食感のカステラ。天日干しの海水結晶塩を隠し味に使用し、甘みの後にほのかな塩味が絡み、深みのある味わいをもたらす。立派な木箱入りなので、贈り物にピッタリ。

販売 北海道四季彩館 JR 函館店（駅構内）

実食Check　五勝手屋本舗

丸缶羊羹　1本 324円

レトロなパッケージで人気！

レトロな赤い紙筒入りの羊羹。食べたい分だけ中身を押し出し、備え付けの紐をぐるっと一周させてカットして食べる「糸式羊羹」の最古参とされる。小豆ではなく金時豆を原材料としているのが特徴で、やさしい甘みが広がる。

販売 北海道四季彩館 JR 函館店（駅構内）

実食Check ☑ 壺屋総本店

き花 3枚入 650円／6枚入 1,300円

ダイヤモンドダストをイメージ

雪国らしい純白のホワイトチョコレートを、香ばしいアーモンドを使ったザクザク食感のガレットの生地でサンド。厳冬期の旭川で見られる「ダイヤモンドダスト」（氷の結晶が大気中でキラキラと輝いて見える現象）をイメージした銘菓として親しまれている。

販売 北海道四季彩館 JR 旭川店（駅構内）、旭川観光物産情報センター駅 naka（駅構内）

実食Check ☑

The Sun 蔵人

蔵生 4枚入（ミルク生チョコ）540円

しっとり、なめらかな食感の生チョコサブレ

北海道産の小麦粉やビートグラニュー糖を使った生サブレで、生地の中に生チョコレートをサンド。手に持ったときの驚きの柔らかさと、独特のなめらかな食感は、試行錯誤の開発のたまもの。定番の「ミルク生チョコ」「ホワイト生チョコ」や、季節限定の味も人気。

販売 北海道四季彩館 JR 旭川店（駅構内）ほか

実食Check ☐ スノークリスタル北海道

旭山 奇跡のプリン

1個（常温タイプ）378円〜

地元のこだわり牛乳を使ったプレミアムプリン

北海道産の卵や牛乳、甜菜糖、十勝産生クリームを使った贅沢なプリン。カスタード、キャラメル、バニラなど豊富なラインナップを取り揃えた冷蔵タイプもある。

販売 北旭川観光物産情報センター駅 naka（駅構内）

JR根室本線・釧網本線

釧路駅 (くしろ)

実食Check 阿寒菓子処 松屋

ゆうひ
1個 129円〜

釧路の夕日をモチーフに

「世界三大夕日」の一つに選定されている釧路の夕日をモチーフにした銘菓。コクのあるミルクあんの中に、甘酸っぱいラズベリージャムが入り、これらをしっとり食感の生地が包み込む。釧路川に架かる幣舞橋のシルエットを描いたパッケージデザインが郷愁を誘う。

販売 北海道四季彩館釧路店（駅構内）

実食Check

パティスリーぷちどーる

クシロック
3種12個入 2,203円

黒光りする石炭をイメージしたスイーツ

石炭産業で栄えた釧路にちなみ、釧路の人気スイーツ店「パティスリーぷちどーる」が製造しているブラウニーケーキ。ローストしたクルミをチョコでコーティングし、黒光りする石炭を表現した。ミルク、ホワイト、ストロベリーチョコの3種類のフレーバーがある。

販売 北海道四季彩館釧路店（駅構内）

実食Check 菓子処 なかじま

地酒ケーキ 福司（ふくつかさ）
金・銀 各470円

釧路の銘酒の香りを堪能するケーキ

釧路の地酒「福司」を使ったしっとりケーキ。最初は生地に注入し、焼きあがり後に吹き付け、粗熱が取れてから再度吹き付けという"三段仕込み"で日本酒を染み込ませているが、酒はほんのり香る程度なのでデザートに最適。清酒の「金」、純米酒の「銀」の2種類。

販売 北海道四季彩館釧路店（駅構内）

北
海
道
のご当地駅みやげ

JR北海道新幹線・函館本線

新函館北斗駅
しん はこ だて ほく と

実食Check ☑ **Joli Creer（ジョリ・クレール）**

☐ **モナスク** 各種 1,026円

右／モナスク 箱館奉行所（プレーン）
左／モナスク 五稜郭（チョコレート）

「もなか」と「ラスク」をドッキング！ 函館の名所をモチーフにした人気シリーズ

函館近郊の北斗市のスイーツショップ「ジョリ・クレール」が手掛ける創作菓子シリーズ。「箱館奉行所」「五稜郭」など函館の人気観光スポットを形どり、それぞれフレーバーも異なる。「モナスク」とは、「もなか」と「ラスク」を合わせた造語。北海道産バターを贅沢に使用したクッキー生地がもなかの皮に詰め込まれ、もなかのバリバリ感とラスクのサクサク感が同時に楽しめる。本のような形のパッケージも秀逸。

販売 ほっとマルシェおがーる（駅隣接「北斗市観光交流センター別館 ほっくる」）

実食Check ☑ **トラピスト修道院**

☐ **トラピストクッキー**

12袋入 894円／24袋入 1,826円

函館みやげの定番クッキー

北斗市にある日本最初のカトリック男子修道院「トラピスト修道院」。ここで作られている「トラピストバター」を練り込んで焼きあげたクッキーで、サクサクした食感とバターの香りが絶妙にマッチしている。

販売 ほっとマルシェおがーる（駅隣接「北斗市観光交流センター別館 ほっくる」）

JR室蘭本線

東室蘭駅
ひがし むろ らん

実食Check ☐ **草太郎本舗**

☐ **草太郎**

6個入 1,250円

鮮やかな緑色が目を引く人気の室蘭銘菓

天然ヨモギの若葉を使ったまんじゅう。ヨモギの香りが漂うしっとりした生地の中には、北海道産小豆の粒あんが入り、ヨモギの風味とあんの甘みがしっかり感じられる。味はもちろん、目で見ても楽しめる。

販売 北海道四季彩館 室蘭店（駅構内）

苫小牧駅
（とまこまい）

実食Check 三星（みつぼし）

よいとまけ　1本 780円

丸太をイメージした苫小牧を代表する銘菓

北海道特産の「ハスカップ」の果実をジャムにして、カステラの内側と周囲にたっぷり塗ったロールケーキ。甘めのカステラ生地と、ハスカップの酸味との相性は抜群。商品名の「よいとまけ」とは、苫小牧の製紙会社で丸太の積み下ろし作業を行う際の労働者たちの掛け声。

販売 三星 駅前店（南口駅前）

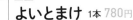

実食Check 三星

ジュレノルド

3個入 1,240円

濃厚な味わいのハスカップゼリー

数あるハスカップ商品の中でも、よりおいしくて特徴的なものを作りたいという熱意から誕生した逸品。従来のゼリーよりも「ハスカップ」を3倍多く使い、さらにハスカップの果肉を丸ごと加えたプレミアム感あふれるゼリー。濃厚な果実の味ときりっとした酸味が堪能できる。

販売 三星 駅前店（南口駅前）

帯広駅
（おびひろ）

実食Check クランベリー

スイートポテト　100gあたり 270円

※量り売り／1本単位で販売

本物のサツマイモの皮を容器に使用

1972（昭和47）年創業の洋菓子店の、創業以来愛されているスイートポテト。サツマイモの皮を容器にした見た目で、インパクト満点。サツマイモのペーストと甘さ控えめのカスタードクリームが絶妙のバランスで旨みを醸し出す。

販売 クランベリー エスタ帯広店（駅直結「エスタ帯広西館」）

十勝トテッポ工房

ナチュラルチーズケーキ北海道フロマージュ

1箱（8個入）1,620円

北海道の食材のおいしさを詰め込んだ逸品

牛乳や生クリーム、卵、小麦粉などすべて北海道産にこだわった手作りチーズケーキ。特にチーズはマスカルポーネなど北海道産のナチュラルチーズを独自にブレンド。濃厚でクリーミーな味わいが堪能できる。

販売 北海道四季彩館 帯広店（駅構内）、とかち物産センター（駅直結「エスタ帯広東館」2階）

赤いサイロ　5個入 1,050円

カーリング女子のおやつとして話題に

北海道産の牛乳や小麦、チーズなどを使い、しっとりと焼きあげたチーズケーキ。外側はふんわり、中はしっとりの2つの食感が特徴で、一口食べると、濃厚なチーズと牛乳のコクが口いっぱいに広がる。カーリング女子チーム「ロコ・ソラーレ」が試合の休憩中に食べていたことで話題になった。

販売 北海道四季彩館 北見店（駅構内）

JR石北本線

北見駅（きたみ）

実食Check ☑ 北見ハッカ通商

ハッカ飴　442円

ハッカの葉をイメージしたリーフ型の飴

着色料は使用せず、砂糖、水飴、ハッカ結晶のみを原材料に、配合のバランスにこだわったロングセラー商品。ほどよい清涼感に仕上げているので、ミントが苦手な人でも食べやすい。

販売 北海道四季彩館 北見店（駅構内）

実食Check ☑ 御菓子司 小鹿

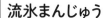

流氷まんじゅう

5個入 1,134円～

冷蔵庫で冷やして食べるのがオススメ

日本最北端の宗谷岬にやって来る流氷をイメージした菓子。「まんじゅう」を名乗るが、スポンジケーキをホワイトチョコレートでコーティングしており、洋菓子に近い。フワッとしたスポンジの食感とホワイトチョコレートの甘さが相性抜群だ。

販売 ワッカナイセレクト（駅直結「キタカラ」1階）

JR宗谷本線

稚内駅（わっかない）

実食Check ☑ orange egg（オレンジエッグ）

ポテラーナワッカナイ

70g×2個入 690円 ／ 380gホール 1,580円

希少な勇知イモをふんだんに使用

稚内特産の「勇知いも」を使い、北海道産の赤玉卵、豊富生クリームを合わせたポテトカタラーナ（アイス焼きプリン）。表面のパリパリのカラメルと、勇知いもの甘さがたまらない逸品。

販売 orange egg キタカラ店（駅直結「キタカラ」1階）、ワッカナイセレクト（駅直結「キタカラ」1階）

駅みやげ図鑑
第2章

東北

（青森県・岩手県・秋田県・
宮城県・山形県・福島県）

実食Check　ラグノオ
□ **気になるリンゴ** 972円

青森リンゴをまるごと1個使用

真っ赤に熟した青森県産のリンゴの芯をくり抜き、シロップに漬けて、まるごと1個パイに包んで焼きあげた。リンゴを煮詰めずそのまま使用しているので、シャキシャキしたフレッシュな食感を楽しめる。インパクト抜群の見た目で話題となったことも。

販売 ラグノオ 新青森駅ビルあおもり旬味館店
（駅ビル「あおもり旬味館」）

実食Check
□ ラグノオ
**パティシエの
りんごスティック**
　230円

青森リンゴたっぷりの天然アップルパイ

青森県産のリンゴ「ふじ」を大きめにカットし、スポンジ生地と一緒にそのままパイで包んだスイーツ。カットするリンゴの大きさにこだわり、大小のサイズをミックスして隙間ができないよう工夫しており、リンゴ王国・青森ならではの自慢の逸品だ。

販売 ラグノオ 新青森駅ビルあおもり旬味館店
（駅ビル「あおもり旬味館」）

実食Check　はとや製菓
□ **あおもり紅玉果実の
チーズケーキ** 1個 216円〜
こう ぎょく

パッケージデザインも味わい深い

甘酸っぱい味で知られる青森産リンゴ「紅玉」を使用。紅玉の果肉をシロップに漬けて、チーズたっぷりの生地に包み、一つずつ丁寧に焼きあげた。子どもが描いたようなイラストデザインの包装も味わい深い。

販売 はとや製菓 新青森駅あおもり旬味館店
（駅ビル「あおもり旬味館」）

実食Check アルパジョン
朝の八甲田
5個入 1,404円～

青森の清々しい山々をイメージしたチーズケーキ

日本百名山の一つに数えられる八甲田山のさわやかな朝をイメージしたチーズケーキ。青森の新鮮な卵をたっぷり使い、その日の気温などを考慮して焼きの温度などを調整し、スフレのようなふわふわ食感でありながらしっとりクリーミーに仕上げた。チーズの濃厚な風味がたまらない。

販売 アルパジョン 新青森駅あおもり旬味館店
(駅ビル「あおもり旬味館」)

実食Check アルパジョン
青森ルージュア
4個入 1,404円～

完熟リンゴの旨みを凝縮した絶品スイーツ

しっとりとした生地に、青森県産のサクサク食感のリンゴをミックスしたパウンドケーキ。糖度60度以上に煮込んだ完熟リンゴの贅沢な旨みに、バターやはちみつの風味も加わって極上の味わいに。

販売 アルパジョン 新青森駅あおもり旬味館店
(駅ビル「あおもり旬味館」)

実食Check 永井久慈良餅店
板かりんとう 500円

板状に仕上げた浅虫温泉の名物

小麦粉、黒ゴマなどに蜜をミックスし、薄切りにして高級サラダ油で揚げた板状のかりんとう。"青森の奥座敷"と称される浅虫温泉の名物で、バリッとした歯ごたえと、ゴマが利いた素朴な味わいで、食べ始めると止まらなくなる。

販売 永井久慈良餅店 新青森駅ビルあおもり旬味館店
(駅ビル「あおもり旬味館」)

実食Check 元祖手焼き津軽路
小山せんべい店
豆せんべい
8枚入 980円 ほか各種

サクサクのせんべい生地と高級ナッツの融合

1948 (昭和23) 年創業の老舗による、伝統の「津軽手焼きせんべい」。昔ながらのせんべいに、ピーナッツやアーモンドなどの上質な木の実を入れた独特の風味で人気。全工程を職人が手作業で手掛けており、店頭での実演販売にこだわる。

販売 小山せんべい店 JR新青森駅店 (駅ビル「あおもり旬味館」)

ロングセラー

 実食Check

南部せんべい乃 巖手屋
南部せんべい
胡麻・落花生 375円

南部藩民が親しんだ伝統菓子

小麦、ゴマの風味と、少しの塩気が利いた素朴な味わいが魅力で、サクっと軽い食感に仕上げた。焼き型からはみ出た"ミミ"を残すその姿は、囲炉裏端で焼いていた昔ながらの形そのもの。定番の「胡麻」「落花生」をはじめ、バリエーションは豊富。

販売 南部せんべい乃 巖手屋（「盛岡駅ビル フェザン」おでんせ館1階）

「南部せんべい」は非常食だった!?

盛岡や八戸の名物として知られる「南部せんべい」。そのルーツは、南北朝時代に長慶天皇が当地を訪れた際、家臣が付近の農家から手に入れたソバ粉を練って丸形に焼き、それを献上したこととされる（諸説あり）。この地域では、夏場の季節風「ヤマセ」で冷害に襲われることが多く、ヒエやソバの粉を使った南部せんべいは人々の飢えをしのぐ非常食として重宝したという。

南部せんべい乃 巖手屋 実食Check
チョコ南部
2個 140円、10個 648円〜

南部せんべいを使った和風クランチチョコ

焼きたての「南部せんべい」を粉々に粉砕し、ローストアーモンドを加え、口どけのよい高品質チョコレートでコーティング。デビューした2009（平成21）年は、約400万粒の売り上げを記録した。冬季・春季（10〜5月）の限定販売。

販売 南部せんべい乃 巖手屋（「盛岡駅ビル フェザン」おでんせ館1階）

季節限定

馬ッコ本舗みやざわ
子馬のポルカ 1個 160円

春に生まれたかわいい子馬をイメージ

盛岡で初夏に開催される「チャグチャグ馬コ」は、色鮮やかな装束をまとった農耕馬たちが行進する伝統行事。愛らしい子馬をイメージしたもなかの中では、クルミと岩手県滝沢産の米のキャラメルを絡めたあんが詰め込まれ、コクのある甘みと香ばしさが広がる。

販売 岩手菓子倶楽部（「盛岡駅ビル フェザン」おでんせ館1階）

季節限定

栗菓子処 中松屋
深山 栗しぼり
6個入 1,800円

栗と砂糖だけで作る至高の栗きんとん

1926（昭和元）年創業の栗菓子製造の名店が手掛ける栗きんとん。厳選した国産の栗の実と砂糖だけを使い、丁寧な作業で練りあげ、茶巾絞にして形を作る。素朴ながらも栗本来の旨みが堪能できるだろう。秋季・冬季（10〜3月）の限定販売。

販売 岩手菓子倶楽部（「盛岡駅ビル フェザン」おでんせ館1階）

実食CHECK
御菓子司 山善
もちもち焼 1個 150円

モチモチ食感のどら焼き風菓子

1909（明治42）年創業の和菓子店の人気メニュー。普通のどら焼きのようにも見えるが、生地はモチモチ。江戸時代、盛岡城内の「虎屋敷」という別邸で虎を飼っていたという伝説にちなみ、生地は虎模様に仕上げられ、中には甘さ控えめの粒あんが入る。要冷蔵。

販売 御菓子司 山善（「盛岡駅ビル フェザン」おでんせ館1階）

実食CHECK
タルトタタン
タルトタタンのアップルパイ
5個入 1,350円

岩手のリンゴを使ったフルーティーなパイ

岩手県内で親しまれている洋菓子専門店のアップルパイ。岩手県産のリンゴや国産バターを使い、一口食べるとリンゴの酸味やさわやかな甘味を感じられる。オーブントースターで温めると、焼きたてのパイのようなサクサク食感がよみがえるのでぜひ。

販売 タルトタタン（「盛岡駅ビル フェザン」おでんせ館1階）

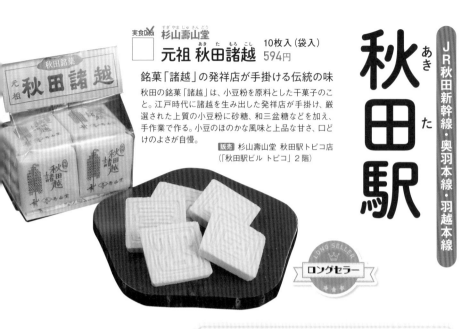

実食Check 杉山壽山堂（すぎやましゅさんどう）

元祖 秋田諸越（あきた もろこし）

10枚入（袋入）
594円

銘菓「諸越」の発祥店が手掛ける伝統の味

秋田の銘菓「諸越」は、小豆粉を原料とした干菓子のこと。江戸時代に諸越を生み出した発祥店が手掛け、厳選された上質の小豆粉に砂糖、和三盆糖などを加え、手作業で作る。小豆のほのかな風味と上品な甘さ、口どけのよさが自慢。

販売 杉山壽山堂 秋田駅トピコ店（「秋田駅ビル トピコ」2階）

LONG SELLER
ロングセラー

実食Check 菓子舗 榮太楼（えいたろう）

秋田銘菓さなづら

8枚入 1,160円〜

山ぶどうを使った和菓子

「さなづら」とは、山野に自生する山ぶどうを指す秋田の方言。さなづらを濃縮ジュースにし、天然の寒天によりゼリー状に固めて作ったスイーツで、甘酸っぱく、ワインのような深い味わいが口の中に広がる。

販売 菓子舗 榮太楼 トピコ店（「秋田駅ビル トピコ」2階）

季節限定

秋田銘菓「諸越」の由来

江戸時代の1705（宝永2）年、秋田藩主・佐竹義格（よしただ）が家臣たちをねぎらうために作らせた煎米菓子が始まり（諸説あり）。杉山壽山堂の初代主人が小豆粉を使った菓子にして義格に献上され、「諸々の菓子を越えて風味良し」と激賞されたことで「諸越」の名がついたという。

季節限定

実食Check 菓子舗 榮太楼

桜咲くさくらゼリー

3個入
1,290円〜

華やかな桜をゼリーにした春限定スイーツ

神奈川県西部地域で育った「八重桜関山」を使用した桜の花を、見た目の美しさにこだわって手作業で厳密に選別して、ゼリーに閉じ込めた逸品。淡いピンク色のゼリーは、ほんのり甘く、上品な味わい。春季限定販売で、卒業や入学などのお祝い用プレゼントとしても好評。

販売 菓子舗 榮太楼 トピコ店（「秋田駅ビル トピコ」2階）

実食Check

川口屋
いぶりがっこちーず「け」
1個 194円／3個入 584円〜

秋田名物の漬物と"コラボ"した異色作

秋田名産の漬物「いぶりがっこ」をミンチにして
チーズと合わせ、男鹿半島の付け根に位置する
大潟村産米粉を使ったモチモチの生地で包んだ
まんじゅう。商品名の「け」は、秋田弁で「食べて
みて」の意味。酒のつまみとしても人気で、冷蔵
庫で冷やしてからいただこう。

販売 あきたくらす（「秋田駅ビル トピコ」2階）

実食Check

川口屋
金のバターもち　648円

県産もち米から作った北秋田のソウル菓子

マタギの保存食として重宝したという、北秋田の郷土
菓子「バター餅」。「金のバターもち」は、米粉ではなく、
秋田県産もち米から作った昔ながらの味
わいにこだわり、餅本来のコシが楽しめ
る。バターをたっぷりと練り込んでいる
ので、時間が経っても固くなりにくい。

販売 東北めぐり いろといろ
（「秋田駅ビル トピコ」2階）、
Newdays（駅構内）

実食Check

蕗月堂
もふどら　つぶあん、マーガリン入
各324円〜

秋田犬をモチーフにしたどら焼き

秋田犬の"もふもふ"な体毛をイメージして、やわらかい
生地であんを包んだどら焼き。生地にはくるんと巻いた
秋田犬のしっぽが描かれ、パッケージには秋田犬の愛ら
しい顔がデザインされている。「つぶあん」と「つぶあん
&マーガリン」の2種類がある。

販売 あきたくらす（「秋田駅ビル トピコ」2階）

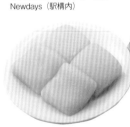

実食Check

一乃穂
なまはげBOX
しとぎ豆がき
14枚入 1,080円〜

秋田米で作る素朴な風味のおかき

秋田米で作った香ばしい黒豆入りのおかきで、
サクサク食感が特徴。米を粉状にして水でこ
ねて作る「しとぎ（粢）」は、餅の原型とされる。
秋田では、そのような餅菓子を冬の保存食に
していた。おみやげには、秋田名物「なまは
げ」のBOXがオススメ。

販売 かおる堂（「秋田駅ビル トピコ」2階）

朝採り枝豆&やわらか餅の大人気「ずんだ餅」

枝豆をすりつぶしたペースト（ずんだ）を餅で包んで作る、仙台名物「ずんだ餅」。宮城県栗原市の朝採りの枝豆を使い、独自製法で枝豆の旨みを凝縮させ、やわらかな餅で包んだ。すりガラスのような半透明の餅生地から緑のずんだが見えるので、"淡餅"と命名。要冷凍で、半解凍の状態でいただくのがオススメ。

販売 おみやげ処せんだい4号（新幹線中央改札口付近）、東北めぐり いろといろ（駅直結「エスパル仙台」東館2階）

実食Check

PALETTE（パレット）
宮城ずんだ淡餅 ずん
6個入 800円

実食Check

お茶の井ヶ田 喜久水庵
仙台ひとくちずんだ餅
8個入 1,200円

伝統の「ずんだ餅」を現代風に

伝統の味に現代風アレンジを加え、一口サイズにまとめた「ずんだ餅」。ありそうでなかった"個包装のずんだ餅"で、「ず」の文字をあしらったパッケージデザインはインパクト大。宮城県産のもち米「みやこがね」で作る餅は真っ白で、ずんだの緑が美しく映える。常温で持ち歩きができるのも便利だ。

販売 仙台ひとくちずんだ餅本舗（駅構内2階）、喜久水庵ずんだ茶屋（新幹線中央改札口付近）、喜久水庵 けやきの森（新幹線中央改札口付近〈改札内〉）ほか

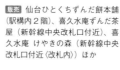

実食Check

お茶の井ヶ田 喜久水庵
喜久福
4種詰合せ4個入 570円

やわらかな餅とあんのハーモニー

生クリームとなめらかなあんを、宮城県産のもち米「みやこがね」で作るふわもちの餅で包む新感覚の大福。「抹茶生クリーム」「生クリーム」「ずんだ生クリーム」「ほうじ茶生クリーム」の4種が定番で、そのほかに季節の味も。要冷凍で、半解凍の状態が美味。人気アニメ『呪術廻戦』に登場して話題になった。

販売 仙台ひとくちずんだ餅本舗（駅構内2階）、喜久水庵ずんだ茶屋（新幹線中央改札口付近）、喜久水庵 けやきの森（新幹線中央改札口付近〈改札内〉）ほか

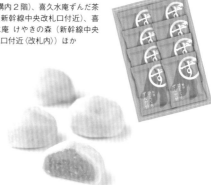

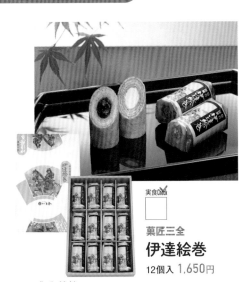

実食Check 菓匠三全

伊達絵巻

12個入 **1,650**円

伊達政宗の騎馬像を描いたパッケージが目印

杜の都・仙台の基礎を築いた伊達政宗。その騎馬姿をデザインしたパッケージや個包装が目を引く、歴史ロマンをテーマにした銘菓。小倉あん（またはクリーム）を、新鮮な卵で練り合わせて一層ずつ丁寧に焼きあげたバウムクーヘン生地で包み、上品な味わいが広がる。

販売 菓匠三全 おみやげ処せんだい 7 号店・おみやげ処せんだい 1 号・おみやげ処せんだい 3 号（駅 2 階）ほか

実食Check 松島蒲鉾本舗

どらぼこ

3個入 **648**円～

魚のすり身を使った "スイーツかまぼこ"

魚のすり身をたっぷり練り込んだ生地に、ホイップチーズクリームを挟み、一枚ずつ職人が手作りで焼きあげる "スイーツかまぼこ"。上品な甘さが魅力で、付属のメープルシロップをかければ、パンケーキのように味わうこともできる。

販売 おみやげ処せんだい 1 号・2 号（駅 2 階）

実食Check 菓匠三全

萩の月

6個入 **1,500**円～

宮城野の名月をイメージした 杜の都を代表する銘菓

萩の咲き乱れる宮城野の空に浮かぶ名月を形どった銘菓。まろやかでやさしい風味のオリジナルカスタードクリームを、ふわふわのカステラで包み込んだ。日持ちするよう、脱酸素剤「エージレス」（「たべられません」と書かれた袋）を同封した菓子の草分けとされる。

販売 菓匠三全 おみやげ処せんだい 7 号店・おみやげ処せんだい 1 号・おみやげ処せんだい 3 号（駅 2 階）ほか

ロングセラー

実食Check 菓房 山清

仙台いちごのバターサンド

1個 **237**円～

甘酸っぱい宮城県のブランドイチゴを使用

ホワイトチョコとバターをミックスしたクリームに、宮城県産「仙台いちご」を使った自家製コンフィチュール（ジャム）を合わせ、フレッシュバター100%のサクサククッキーでサンド。イチゴが映えるパッケージが鮮やか。

販売 おみやげ処せんだい 3 号（駅 2 階）、4 号（新幹線中央改札口付近）、6 号（新幹線中央改札口付近〈改札内〉）ほか

実食Check 加藤物産

□ **樹氷ロマン** 16個入 **864円**

蔵王の大自然が作り出す樹氷に想いを寄せて

山形・宮城の県境にそびえる蔵王の冬の絶景「樹氷」をモチーフにした銘菓。たっぷりのホワイトクリームをサンドして焼きあげた欧州風の焼菓子で、歯ごたえのあるウェハースにほどよい甘さのホワイトクリームが絡む。

販売 郷土名産品 山形銘店（駅直結「エスパル山形」2階）、NewDays 山形2号（新幹線改札内）

実食Check 加藤物産

□ **山形さくらんぼきらら**

6個入 **691円**

山形特産のさくらんぼをまるごとゼリーに

生産量日本一を誇る山形のさくらんぼを使用。さくらんぼを丸ごとシロップ漬けにして、ほのかな甘味のゼリーに閉じ込めた。冷蔵庫で1～2時間冷やすと、より一層おいしくいただける。大きなさくらんぼをあしらったパッケージも印象的。

販売 郷土名産品 山形銘店（駅直結「エスパル山形」2階）、NewDays 山形2号（新幹線改札内）

実食Check 酒田米菓

□ **ギフトBOXオランダちゃん**

2枚×20袋 **1,037円**

庄内米で作る「オランダせんべい」

山形県庄内地域産のうるち米で作ったうす焼きせんべいで、山形ではおなじみのソウルフード。米本来の旨みを引き立てる塩味と、パリッと軽い歯ごたえが特徴。庄内地方の方言で「私たち」を「おらだ」ということから、"私たちの米で作ったせんべい"という意味で「オランダせんべい」を名乗る。

販売 遊友結の酒田米菓（駅直結「エスパル山形」2階

ロングセラー
LONG SELLER

実食Check ☐

かんのや
家伝ゆべし

6個入箱 864円〜

翼を広げた鶴を思わせる雅なシルエット

1860（万延元）年以来ゆべし作りを続ける老舗の銘菓。全国各地でゆべしは見られるが、本商品は、鶴が翼を広げたような形が特徴で、生地の中には上品な甘味のあんが入る。もっちりした生地はほのかな醤油の香りで、香ばしいケシの実の食感がアクセントになる。

販売 かんのや エスパル福島店（駅直結「エスパル福島」1階）、おみやげ処ふくしま（西口直結「パワーシティービボット1階」）

実食Check ☐

駒田屋本舗
みそぱん

単品 119円、5個入 594円

みその香ばしさを味わう蒸し菓子

福島産のみそと小麦、砂糖、膨張材のみの無添加にこだわって作る蒸し菓子。約40年前、店の主力商品「みそまんじゅう」の皮だけほしいというお客のリクエストを受けて誕生し、今では福島の名物になった。みそに由来する薄茶色の生地の香ばしさがたまらない。電子レンジで温めると、できたてのおいしさに。

販売 駒田屋本舗 エスパル福島店（駅直結「エスパル福島」1階）

伝統的な保存食「ゆべし」

平安時代より保存食として作られた「ゆべし」。漢字で「柚餅子」と書くように、もともとは柚子を用いた餅菓子を指す。古くから全国各地でゆべしが作られたが、現在は地方によってさまざまなバリエーションが見られる。東北地方では主に、醤油の風味が利いたクルミ入りの甘い餅菓子として定着している。

実食Check ☐

凍天処 木乃幡
こ の はた
凍天 220円
しみ てん

「凍み餅」を使った福島のソウルフード

よもぎ餅を乾燥させた福島の伝統的な保存食「凍み餅」に、ドーナツ風の生地をつけて油で揚げたもの。福島県民にとってのソウルフードで、外はカリッ、中はフワフワの衣と、餅ならではのモチモチ食感が同時に味わえる。

販売 凍天処 木乃幡 ビボット福島店（西口直結「パワーシティービボット1階」）

郡山駅

JR東北新幹線・東北本線・磐越西線・磐越東線

実食CHECK ☑

柏屋
柏屋薄皮饅頭
<ruby>柏<rt>かしわ</rt></ruby><ruby>屋<rt>や</rt></ruby><ruby>薄<rt>うす</rt></ruby><ruby>皮<rt>かわ</rt></ruby><ruby>饅<rt>まん</rt></ruby><ruby>頭<rt>じゅう</rt></ruby>

1個 140円、
5個入 793円

奥州街道を行き交う江戸時代の旅人も愛した

1852（嘉永5）年創業の老舗店が手掛ける銘菓。奥州街道の宿場町・郡山の名物として親しまれ、日本三大まんじゅうの一つに数えられる。北海道十勝産の自家製のあんは、甘すぎない上品な味わいで、黒糖風味の薄皮との相性が抜群。

販売 郡山駅おみやげ館 柏屋
（駅直結「エスパル郡山」1階）

実食CHECK ☑

柏屋
檸檬（れも）

1個 226円、
3個入 696円

さまざまな食べ方ができる
レモン風味のチーズタルト

フランスで作られた「Kiriクリームチーズ」を使用し、丹念に焼きあげた一口サイズのチーズタルト。さわやかなレモンの風味が、クリーミーなチーズの味を一層引き立てる。そのままでもおいしいが、フルーツやクリームを乗せたり、冷蔵庫で冷やしたりと、さまざまな食べ方で楽しめる。

販売 郡山駅おみやげ館 柏屋（駅直結「エスパル郡山」1階）

実食CHECK ☐

三万石
エキソンパイ

3個入 730円〜

香ばしいクルミ入りのパイ菓子

「ままどおる」を製造する三万石の、もう一つの人気商品。幾層にも重なるパイ生地に、くるみ入りの白あんを包み込み、香ばしく焼きあげたもので、バターとクルミの風味が広がる。「エキソン」はフランス語で「盾」の意味で、商品の見た目にちなむという。

販売 三万石 郡山おみやげ館（駅直結「エスパル郡山」1階）

実食CHECK ☑

三万石
ままどおる

6個入 950円〜

ミルキーなやさしい風味に仕上げた福島の銘菓

バターを使った生地で、ミルク味のあんを包み込んだ焼菓子。なめらかな口あたりと上品な甘さで、老若男女が親しめるやさしい味といえる。スペイン語で「お乳を飲む子」のイメージから、「ままどおる」と命名。「笑顔いっぱいママの味」のCMソングにより、福島県民なら誰もが知る存在となった。

販売 三万石 郡山おみやげ館（駅直結「エスパル郡山」1階）

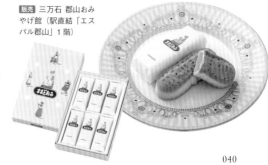

しかないせんべい

実食Check
らぷる
120円／5個入 600円

青森県産リンゴの風味を堪能

津軽産リンゴのコンポート（砂糖煮）を、ふわっとした生地で包み込んだ人気商品。個包装の袋を開けると、リンゴの香りが漂い、一口食べると絶妙なシャリシャリ食感と甘味が感じられる。生地の表面に施されたリンゴの焼き印も愛らしい。

販売 しかないせんべい 弘前アプリーズ店（駅ビル「アプリーズ」1階）

JR奥羽本線・五能線／弘南鉄道
弘前駅
（ひろさき）

LONG SELLER
ロングセラー

しかないせんべい

実食Check
厚焼き豆せんべい
129円／5枚入 650円

一枚一枚手焼きのこだわりが受け継がれる

1926（大正15）年創業の老舗菓子店が、創業以来作り続けている津軽せんべい。こだわりは、薄皮付きの大きな豆と、しっとりした分厚い生地。豆がびっしりと敷き詰められ、どこを食べても豆の香ばしさが楽しめる。

東北のご当地駅みやげ

JR東北新幹線
八戸駅
（はちのへ）

花万食品

実食Check
なかよし
80g 864円

八戸で水揚げされたイカを珍味に

八戸港で水揚げされたイカを乾燥させて薄く延ばし、チーズをはさんだ八戸名物。イカの旨みと噛み応え、チーズの風味が絶妙に調和する。定番のオリジナルチーズのほか、あらびきコショウの入ったブラックペッパー味もあり、おやつはもちろん、おつまみにもぴったり。

販売 ぐるっと遊 八戸駅店（駅構内）

VISITはちのへ

実食Check
南部菱刺し琥珀糖 八戸きらり
12粒入 1,200円

SNS映えの人気スイーツ

八戸地域の伝統工芸品「南部菱刺し」をモチーフにした一口サイズの琥珀糖。外はしゃりっ、中はぷるんとしたみずみずしい食感で、宝石のように輝く。青森県南部町特産のアンズ「八助」、ニンジン、リンゴ、八戸ワインなど6種の味のラインナップ。カクテルに入れたり、スイーツにトッピングしたりと、様々なアレンジが楽しめる。

販売 ユートリーおみやげショップ（駅直結「ユートリー」1階）

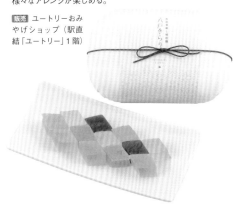

JR大船渡線BRT

大船渡駅
おお ふな と

実食Check □ さいとう製菓
かもめの玉子
4個入 648円〜

ホワイトチョコ、カステラ、黄味あんのハーモニー

全国区の人気商品を誇る三陸の銘菓。しっとりした黄味あんをカステラ生地で包み、ホワイトチョコレートでコーティング。カステラ生地には、従来はあまり用いられなかったマーガリンを使用し、まろやかな風味に仕上げた。チョコや黄味あんにリンゴの風味をミックスした「りんごかもめの玉子」などの姉妹品も人気。

販売 かもめテラス／三陸菓匠 さいとう総本店（駅から徒歩すぐ）

JR東北新幹線・東北本線・大船渡線

一ノ関駅
いち せき

実食Check □ 松栄堂
ごま摺り団子 8個入 756円〜

ごまの摺り蜜が香ばしい

摺りごまを練り込んだ蜜を、もちもちした団子で包む。濃厚なゴマの香りが口いっぱいに広がり、後を引くおいしさ。ごまの摺り蜜が飛び出さないよう、一口で食べるのがオススメ。

販売 詩季彩 一ノ関駅店（在来線改札内）、NewDays 各店（駅構内）

JR秋田新幹線・田沢湖線／秋田内陸縦貫鉄道

角館駅
かくの だて

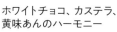

実食Check □ 唐土庵
もろこし あん
生もろこし
695円
※735円に改定予定

口の中でとろけるしっとりした生食感

小豆粉を型打ちし、乾燥させて仕上げる秋田の伝統菓子「もろこし」。それに工夫を加え、乾燥と焼目を入れずに小豆の風味をしっとり残し、小豆本来の上品な味わいが楽しめる逸品に。冷凍庫で冷やしてからいただくのがオススメ。

販売 NewDays 角館（駅構内）

三陸鉄道リアス線

宮古駅
みや こ

実食Check □ すがた
すがたの元祖いかせんべい
20枚入 972円

イカがたっぷり入った宮古の伝統の味

三陸沖でとれたスルメイカを使ったせんべい。じっくりと煮出したイカの煮汁とスルメ粉末で、イカの旨みを凝縮させた。昔ながらのバリッとした硬さも魅力の一つで、かむほどにイカの味わいが広がる。

販売 三鉄グッズ専門店・三陸土産「さんてつや」（駅構内）

JR山形新幹線・奥羽本線／山形鉄道

赤湯駅
（あかゆ）

実食Check □

萬菊屋

最中クッキー NANJO da BE
（なんじょ）（だ）（べ）

10枚入 1,300円～

和と洋が融合した「新食感の和クッキー」

和菓子のもなかの中に、洋菓子のクッキーが入った"和洋折衷クッキー"。サクッとしたもなかとやわらかいクッキーが合わさり、独特の食感が楽しめる。「なんじょだべ」とは、山形県南部の置賜地方の方言で「いかがですか？」の意味。

販売 NewDays 赤湯（駅構内）

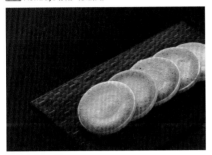

JR仙石線

松島海岸駅
（まつ）（しま）（かい）（がん）

実食Check □ **茶屋勘右衛門 By KIYOKAWAYA**

松島バウム 1,495円

米粉100％のバウムクーヘン

本場ドイツの伝統製法で、時間をかけてじっくり焼きあげたバウムクーヘン。小麦粉を一切使わず、米粉100％で仕上げており、米のやさしい甘みがほのかに感じられる。きめ細かい生地は、しっとり・もっちりの独特な食感だ。

販売 茶屋勘右衛門 松島本店（駅隣接「宮城県松島離宮」1階）

JR羽越本線

鶴岡駅
（つる）（おか）

実食Check □

清川屋

koharu四季

12個入 3,250円

山形の恵みを
丸ごとゼリーに

山形県産フルーツを「そのまま味わってほしい」という思いから誕生。さくらんぼ、ラ・フランス、黄金桃、豊水梨をピュアゼリーで包んだ。フルーツの食感、みずみずしさ、つるんとしたのどごしを堪能しよう。

販売 清川屋 鶴岡本店（駅前）

清川屋

ほわいと
ぱりろーる

1,750円

実食Check □

雪のように真っ白な
極上ロールケーキ

選び抜いた極上のクリームを使った真っ白なロールケーキ。山形県産のフレッシュな牛乳を使い、ミルキーでコクがあるのに、後味はすっきり。しっとり生地の中にある生クリームの、とろけるような食感も絶品だ。

JR東北本線

二本松駅

実食Check □ 玉嶋屋
玉羊羹 5個入 650円〜

伝統製法を今も受け継ぐ

ゴム袋の中に羊羹を詰めた珍しいスタイルの商品。1937（昭和12）年、戦地にいる人に食べてもらうため、ゴム袋に入れることで羊羹の風味を保つ方法を考案したのがルーツ。薪を燃料にして昔ながらの方法で羊羹を練りあげ、伝統の味を守っている。

販売 セブン-イレブン二本松駅前店（駅前）

JR常磐線・磐越東線

いわき駅

実食Check □ いわき チョコレート
めひかり塩チョコ 10個入 1,490円

キャラメル入りチョコレートを海塩が彩る

いわき市で親しまれている"市の魚"メヒカリを形どったチョコレート。チョコの中にクリーミーな生キャラメルを入れ、表面には小名浜産の大粒の海塩をまぶした。甘さとしょっぱさが見事に調和した、ちょっと贅沢な大人のスイーツ。

販売 いわきチョコレート エスパルいわき店（駅直結「エスパルいわき」3階）、NewDays（駅構内）

JR磐越西線・只見線

会津若松駅

実食Check □ 五郎兵衛飴総本舗
五郎兵衛飴

6個入 400円／18個入 1,200円

透明な黄金色で、創業以来変わらない味

800年以上の歴史を持つ老舗の銘菓。古くは武蔵坊弁慶や白虎隊も食べていたというエピソードがある。会津産のもち米を使い、麦芽と寒天のみで作られる。ゼリーのような食感で、麦芽の香りが口の中いっぱいに広がり、素朴な甘みが楽しめる。

販売 おみやげ処会津若松（駅構内）

実食Check □ 太郎庵
会津の天神さま

1個 213円
5個入 1,115円

甘さと塩味の極上のハーモニー

会津を代表する銘菓の一つ。有塩バターにチーズを加えたクリームを、ほんのり甘いブッセ生地でサンドしている。商品名は、子どもの健やかな成長を願って贈られる会津の郷土玩具「会津天神」にあやかった。夏みかんやブルーベリーなど季節限定の味も人気。

販売 おみやげ処会津若松（駅構内）

044

関東

（東京都・茨城県・栃木県・群馬県・埼玉県・神奈川県・千葉県）

東京駅
水戸駅
東武日光駅
宇都宮駅
高崎駅
川越駅
上野駅
新横浜駅
鎌倉駅
千葉駅

品川駅
浅草駅
大宮駅
那須塩原駅
熊谷駅
成田駅
犬吠駅
館山駅
安房鴨川駅
小田原駅

実食Check 東京ひよ子

東京名菓ひよ子

7個入 1,161円〜

愛らしい姿で大人気！

かわいいヒヨコを形どったまんじゅう。インゲン豆を用いたやさしい甘さの黄味あんを、香ばしい生地で包んで焼きあげた。ひよ子のために製粉された小麦粉を使ったこだわりの生地だからこそ、独自の風味が楽しめる。

販売 HANAGATAYA グランスタ東京中央通店（改札内）ほか

「名菓ひよ子」の発祥は？

ヒヨコ形のまんじゅうは、東京だけでなく福岡でも販売されている。もともとは1912（大正元）年、福岡県飯塚市で誕生し、炭鉱で栄えた飯塚の人々のエネルギー源として親しまれた。その後、1956（昭和31）年に福岡、1964（昭和39）年には東京五輪をきっかけに東京に進出し、全国的な知名度を獲得することになる。

東京ばな奈ワールド

東京ばな奈「見ぃつけたっ」

実食Check

4個入 626円〜

フレッシュなバナナの風味が魅力

バナナ香料ではなく、本物のバナナを丁寧に裏ごしして作ったたっぷりのバナナカスタードを、ふわふわのスポンジケーキで包み、バナナを形どった。1991（平成3）年の発売以来、東京みやげの定番として定着している。

販売 東京ばな奈 s（八重洲口直結「東京駅一番街」地下1階）、東京ばな奈の木（八重洲中央口改札付近〈改札内〉）、東京ばな奈ワールド（八重洲北口直結「東京ギフトパレット」）、NewDays 各店ほか

実食Check シュガーバターの木

シュガーバターサンドの木

お買得パック5個入 378円〜

北欧風のパッケージも美しいバターシリアルスイーツ

全粒粉やライ麦など穀物の旨みを生かした特製シリアル生地に、独自ブレンドによる芳醇なバターとシュガーを塗って焼きあげ、ホワイトショコラをサンド。穀物ならではの香ばしさにバターの風味がジュワッと絡み、豊かな旨みが広がる。

販売 バターステイツ by 銀のぶどう（八重洲北口直結「大丸東京店」1階）、HANAGATAYA東京店（改札内）、NewDays 各店ほか

実食Check ☑

とらや

小形羊羹 夜の梅

1本 **324円**／5本入 **1,782円**

丸の内駅舎をデザインした限定品

室町時代後期に創業し、約500年の歴史をもつ和菓子屋、とらやの代表商品の一つ。羊羹の切り口に見える小豆の粒が、夜に咲く梅の花を思わせることから命名された。パリ在住の画家 P.ワイズベッカー氏による東京駅の丸の内駅舎のパッケージは、東京駅限定。

販売 TORAYA TOKYO（丸の内南口直結「東京ステーションホテル」2階）、とらや グランスタ東京店（地下1階〈改札内〉）

実食Check ☑

資生堂パーラー

東京カリーウィッチ

5枚入 **648円〜**

伝統の「カリーライス」を焼菓子に

東京・銀座に本店を構える老舗、資生堂パーラーのエキナカ限定品。1928（昭和3）年のレストラン開業時から続く「カリーライス」にちなみ、秘伝のカレー粉を使ったサクサクの生地でクリームチーズをサンド。スパイスの刺激とクリームチーズの甘みが絡んでクセになる。

販売 資生堂パーラー 八重洲ショップ（八重洲口直結「東京駅一番街」地下1階）

実食Check ☑

ザ・メープルマニア

メープルバタークッキー 9枚入 **1,130円〜**

バターをたっぷり使ったメープル風味のクッキー

メープル菓子専門店、ザ・メープルマニアの一番人気商品。メープルシュガーと発酵バターを生地にたっぷり練り込み、チョコレートをサンドして、サクサクの軽い食感に焼きあげた。メープルのしっとり風味がほどよい。

販売 ザ・メープルマニア グランスタ東京店（地下1階〈改札内〉）

実食Check ☑

コロンバン

東京銀の鈴 バウムクーヘン

1,836円

自社養蜂のはちみつを使った東京駅みやげ

東京駅の待ち合わせ場所として親しまれている「銀の鈴」の焼き印入りのバウムクーヘン。洋菓子メーカーの老舗、コロンバンが手掛けており、平飼いの鶏が産んだ卵、自社ビル屋上で養蜂してとれた「原宿はちみつ」など素材を厳選し、しっとりふんわり食感に仕上げた。

販売 コロンバン グランスタ東京店（地下1階〈改札内〉）

ロングセラー

水戸藩主も味わった銘菓

実食Check ☐

亀じるし
吉原殿中
6本入 950円～

幕末の水戸藩で吉原という名の奥女中が考案したとされ、水戸藩主・徳川斉昭もその味に満足したと伝わる銘菓。あられを糖蜜ときな粉で包み、それを熟練の職人が細長くのばし、きな粉をまぶして仕上げた。

実食Check ☐ 亀じるし
水戸の梅 5個入 918円～

ふくよかな梅の香りとともに

梅の名所、偕楽園にちなんだ逸品。上品な白あんを求肥で包み、蜜漬けの赤しその葉でくんで仕上げた。蜜は、水戸産の梅「ふくゆい」を使ったシロップを加えている。

販売 亀じるし エクセルみなみ店(駅ビル「エクセルみなみ」3階)

実食Check ☑ きくち
ほっしぃ～も
1個 180円／6個入 1,180円～

特産の干し芋を香ばしいパイで味わう

水戸市に隣接するひたちなか市は、干し芋の生産量日本一。ひたちなかの大地と降り注ぐ太陽が育てた干し芋を、香ばしいパイ生地で包んで焼きあげた。

販売 IBARAKI スイーツ工房 (駅ビル「エクセルみなみ」3階)

地元の牛乳と卵を使った贅沢プリン

水戸市に隣接する小美玉(おみたま)市の酪農家が育てた牛乳と、茨城県産の平飼いの卵を使ったこだわりのプリン。濃厚な牛乳ととろけるような甘みが広がる。

販売 茨城味撰倶楽部(駅ビル「エクセルみなみ」3階)

実食Check ☐ 山西商店
おみたまプリン

カラメルジュレ 535円　茨城の焼き芋 540円

東武日光駅

とう ぶ にっ こう

東武日光線

実食Check ☑

元祖日昇堂
日光ラスク匠味
10枚入 605円

老舗和菓子店がプロデュース

栃木県産の牛乳とおいしい水を原材料とするフランスパンで作った、サクサク食感のラスク。日光東照宮御用達の和菓子屋、日昇堂が手掛けており、日光の名所・旧跡をデザインしたパッケージが目を引く。

販売 ACCESS 東武日光売店（駅構内）

実食Check ☑

日光さかえや 揚げゆばまんじゅう本舗
揚げゆばまんじゅう 250円

日光名物のゆばを使用

1日4000個も売れることがある人気グルメ。日光産のゆばと国内産の豆乳を使った生地であんこを包み、カラッと揚げた。常温でも3日間OK。

販売 日光さかえや 揚げゆばまんじゅう本舗（駅前）

日光カステラ本舗
特撰金箔入り 日光カステラ 小(250g) 1,480円〜

専門店が手掛ける最高級のカステラ

アカシア蜂蜜や米飴、国産卵など天然由来の素材を厳選し、通常のカステラより卵黄の量を3割増しで使用。一つ一つ手焼きして風味豊かに仕上げ、表面には金箔を散りばめた。

実食Check ☑

販売 日光カステラ本舗 東武日光駅前店（駅前）

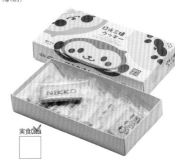

実食Check ☑

お茶の永井園
日光三猿クッキー
10枚入 475円

愛らしい「三猿」が目を引く

「見ざる、言わざる、聞かざる」で有名な日光東照宮の三猿や「NIKKO」の文字を、口溶けのいいクッキーにプリント。修学旅行や遠足のおみやげで人気。

販売 ACCESS 東武日光売店（駅構内）

宇都宮駅

実食Check ☑ 宮乃餅本舗 池田屋

宮乃餅 8個入 756円

素材にこだわった求肥餅

1871（明治4）年創業の老舗店、宮乃餅本舗。その看板商品「宮乃餅」は、1909（明治42）年に明治天皇に献上された、一口サイズの求肥餅。栃木県産の一等米を使い、昔ながらの製法により独特のやわらかな食感を作り出す。宮乃餅にチョコレートを練り込んだ「宮チョコ餅」も人気。

販売 とちぎグランマルシェ とちびより
（駅ビル「宇都宮パセオ」2階）

実食Check ☐

宮乃餅本舗 池田屋

宮チョコ餅

250g 475円

うさぎや 実食Check ☐

チャット

1個 130円／5個入 648円〜

おしゃべりの場に欠かせない存在に

バターを練り込んだ白あんを薄皮の生地で包んだ宇都宮の銘菓。「心のとけ合った人たちが互いに気兼ねなくおしゃべり（チャット）しながら食べてほしい」という思いを込めて、書家・詩人の相田みつを氏が命名したという。

販売 うさぎや 宇都宮パセオ店（駅ビル「宇都宮パセオ」2階）

季節限定

実食Check ☑ 苺が主役。

バーチャミ

ビター・ホワイト・キャラメル 各788円

いちごにキスするチョコスプーン

「バーチャミ」とは、イタリア語で"私にキスして"。ホットミルクに入れて溶かすと、イチゴの香りが広がるホットチョコレートの出来あがり。いちごにキスするように途中で溶けたチョコを食べてもおいしくいただける。冬季（10〜4月）限定商品で、3種のフレーバーがある。

販売 とちぎグランマルシェ とちびより（駅ビル「宇都宮パセオ」2階）

実食Check ☑ 苺が主役。

恋するいちご

巾着（5個入）756円／
赤箱（10個入）1,512円

「とちおとめ」を使ったスイーツ

栃木県産のブランドいちご「とちおとめ」をフリーズドライし、ホワイトチョコでコーティング。噛むといちごの甘酸っぱい味わいが広がり、チョコが絡むとまろやかに変化する。いちごをモチーフにしたパッケージが愛らしい。

販売 とちぎグランマルシェ とちびより（駅ビル「宇都宮パセオ」2階）

実食Check ☑ 高林堂

宮のかりまん　1個 152円

カリッとした食感が楽しい

1885（明治15）年創業の老舗店、高林堂の看板商品。黒糖風味のまんじゅうを菜種油で香ばしく揚げ、かりんとうのようなカリカリ食感が楽しめるのが特徴だ。オーブントースターで加熱すれば、できたてに近い食感が戻るという（消費期限は5日）。

販売 高林堂 JR宇都宮店（駅ビル「宇都宮パセオ」2階とちぎグランマルシェ）

実食Check ☑ 虎彦製菓

餃子ビスコッティ　972円

ニンニク感強めのクセになる風味

虎彦製菓の洋菓子ブランド「NIKKO BAKING STUDIO」が展開する焼菓子、ビスコッティシリーズの一つ。宇都宮餃子にちなんで、餃子の香ばしさや肉の旨み、野菜の甘み、ニンニク風味を堪能でき、丸みがかった半月形で餃子を表現した。「ビスコッティ」は、イタリアの伝統菓子。

販売 NewDays（駅構内）、とちぎグランマルシェ とちびより（駅ビル「宇都宮パセオ」2階）

実食Check ☑ 高林堂

かりまんラスク

1袋（2枚）162円

「宮のかりまん」の味をラスクに

かりまんに使用する秘伝の「かりまん蜜」にバターを合わせ、フランスパンに染みこませて焼きあげた。軽やかな食感と黒糖の濃厚な風味を堪能しよう。

実食Check 幸煎餅
七福神あられ

7種150g（福袋） 1,080円
7種250g（化粧缶入） 2,376円

軽やかな七つの風味は手みやげに最適

福々しい七福さんのイラストパッケージでおなじみの、サクッとした一口サイズのおせんべい。えび味（恵比寿天）、青のり味（大黒天）、しそ味（福禄寿）、バター味（弁財天）、唐がらし味（寿老人）、チーズ味（布袋尊）、カレー味（毘沙門天）が個包装に入って、さまざまな味が楽しめる。

販売 NewDays（駅構内）、銘品館 高崎（新幹線改札内）、群馬いろは（東口駅ビル「イーサイト高崎」2階）ほか

実食Check ガトーフェスタ ハラダ
グーテ・デ・ロワ 群馬エディション

2枚入×6袋（12枚） 972円

群馬が誇る人気店の限定商品

高崎市で創業し、いまや全国的にも知名度が高い「ガトーフェスタ ハラダ」。その看板商品「グーテ・デ・ロワ」は、香ばしく焼いたフランスパンに芳醇なバターを塗ったガトーラスク。本商品は、ガトーラスクの生地に群馬県産小麦を使用した群馬県限定品で、パッケージには群馬県のマスコットキャラ「ぐんまちゃん」が描かれている。

販売 ガトーフェスタ ハラダ イーサイト高崎店（東口駅ビル「イーサイト高崎」2階）

下仁田ネギえびせん

8枚入 990円〜

下仁田ネギを使った本格派えびせん

天然えびを使った生地を熟成させて風味を引き出し、米ぬかから採れた油で揚げ、群馬県特産の下仁田ネギの粉末で味付け。天然えび本来の旨みと下仁田ネギ特有の風味が楽しめる。

販売 NewDays（駅構内）、群馬いろは（東口駅ビル「イーサイト高崎」2階）

つつじ庵
高崎プリン

プレーン 360円ほか

群馬の自然が育んだ濃厚プリン

群馬の神津牧場の神津ジャージー牛乳や県産のアカシヤはちみつなど、群馬の素材をふんだんに使用。プレーン、はちみつ、チョコレート、いちご、くわ茶の全5種類。

販売 群馬いろは（東口駅ビル「イーサイト高崎」2階）

高崎リーフパイ

5個入箱 1,100円／10個入箱 2,200円

高崎産の小麦を使ったご当地パイ

高崎の人気レストラン「Serendip」がプロデュース。高崎産の小麦「きぬの波」を使い、パルメザンチーズを練り込んで108層に折り重ねて焼いている。チーズの芳醇な香りが◎。

販売 パイ専門店 Serendip、Serendip イーサイト高崎店（東口駅ビル「イーサイト高崎」2階）

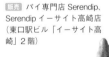

かりんとうまんじゅう

1個（こしあん） 130円

二つの食感が楽しめる

数々のメディアで紹介された人気商品。黒糖を練り込んだ生地でこしあんを包み、油でカリッと揚げている。カリッとした食感の後に、あんのしっとり感がやってくる。

販売 高崎じまん（西口直結「高崎オーパ」1階）

実食Check
くらづくり本舗

福蔵 ふくぐら 1個 200円

福餅入りの極上もなか

1887（明治20）年創業の老舗で、川越市内に本店を構える和菓子屋、くらづくり本舗の看板商品。香ばしいもなか皮の中に、北海道・十勝産の小豆を使った自家製の小倉あんと、佐賀県産ひよく米（餅米）をつきあげた「福餅」が入り、その二つが絶妙に調和する。

サツマイモの
名産地として知られた川越

川越では江戸時代からサツマイモの栽培が始まった。サツマイモは当時、庶民の食べ物では数少ない甘い食べ物であり、その人気を受けて「サツマイモ＝川越」のイメージが江戸で浸透したとされる。なお、「栗（九里）より（四里）うまい十三里（9＋4＝13）」という江戸っ子の洒落から、焼きいもは「十三里」と呼ばれていたが、一説では川越が江戸から北に13里（約52km）の位置にあることとも関連しているとも伝わる。

くらづくり本舗
実食Check

べにあかくん

1個 215円

和菓子屋の老舗が作るスイートポテト

さいたま市発祥の「紅赤」など国産サツマイモを時期によって厳選し、それを裏ごしして北海道バターと生クリームと合わせて作ったスイートポテト。そのままでもおいしいが、電子レンジで5秒ほど温めると、ホクホクした味わいに。

販売 くらづくり本舗 アトレマルヒロ店
（東口直結「アトレマルヒロ」地下１階）

実食Check 亀屋

亀の最中（つぶあん・こしあん）

各1個 108円

ロングセラー
LONG SELLER

亀甲型のフォルムが愛らしい銘菓

江戸時代の1783（天明3）年創業の老舗、亀屋が製造している一口サイズのもなか。小豆を丹念に炊きあげたあんと国産の餅米を合わせ、亀甲型の愛らしいもなか皮が包み込む。亀の桜最中（1～3月頃）、亀の檸檬最中（6～9月頃）などの季節商品も人気。

販売 亀屋 アトレマルヒロ店（東口直結「アトレマルヒロ」地下1階）

実食Check 亀屋

こがね芋 1個 162円

サツマイモをイメージした焼菓子

サツマイモをかたどった焼菓子。白あんを薄い生地で包み、いもの形に丸め、シナモンをまぶしてこんがりと焼く。こがね色の肌の素朴な姿も、味わい深い。

実食Check 菓匠 右門

川越けんぴ

詰合せ（芋蜜・塩・胡麻）1,150円

カリカリ食感の3種のいもけんぴ

国産のさつま芋をカリッと揚げて作ったいもけんぴ。自家製の芋蜜、塩、胡麻の3種のフレーバーがあり、おみやげ用には3種の詰合わせがオススメ。なお、市内の直売店では出来立てを味わうことができる。

販売 菓匠 右門 ルミネ川越店（ルミネ川越2階／JRコンコース前）

実食Check 菓匠 右門

いも恋

1個 200円

ホクホクのサツマイモを堪能しよう

サツマイモの輪切りと北海道産つぶあんの、2層構造のまんじゅう。これらを餅生地で包む作業は、今なお手作業で行われ、昔なつかしい風味を大切にしている。電子レンジや蒸し器で温め、ホクホクさせてから食べよう。

上野_{うえの}の駅

JR東北新幹線・宇都宮線・京浜東北線・山手線ほか

実食Check ☑ ドルチェ フェリーチェ

プティパウンド・パンダ

6個入 **1,450**円／10個入 **2,400**円

愛おしいパンダで彩られたパウンドケーキ

鮮やかなフルーツや香ばしいアーモンドを使った、一口サイズの華やかなパウンドケーキ。上野動物園にちなんだパンダで彩られた本商品は、エキナカ（改札内）「エキュート上野」限定。

販売 ドルチェフェリーチェ（駅構内「エキュート上野」3階〈改札内〉）

実食Check ☑ オオズ／松尾

パンダのうんこ　605円

ユニーク麸菓子として話題に

京都の宇治抹茶をまぶした麸菓子で、青森県弘前市にある老舗の麸のメーカー、松尾が製造。パンダは主食である竹を十分に消化できず、緑色のフンをすることから考案された。「抹茶味」だけでなく、「青森りんご味」や「バナナ味」などもある。

販売 のもの上野店（中央改札外グランドコンコース）

新横浜駅
（しん　よこ　はま　えき）

横浜の銘菓として知られるマロンケーキ

港町・横浜にちなみ、船をかたどった銘菓。やわらかなカステラ生地の中に栗と栗あんが包み込まれ、しっとり食感とマロンの風味がマッチする。横浜を愛してやまない柳原良平氏のパッケージイラストも味わい深い。

ありあけ

実食Check ☑

横濱ハーバー ダブルマロン

5個 1,080円

販売 グランドキヨスク新横浜・ギフトキヨスク新横浜（駅直結「キュービックプラザ」2階）、横濱ハーバー／鎌倉レ・ザンジュ キュービックプラザ新横浜店（駅直結「キュービックプラザ」3階）

馬車道十番館

実食Check ☑

ビスカウト

5枚入 994円～

ガス灯をあしらったハイカラ菓子

フレッシュバターを使って職人が焼きあげたクッキーに、甘さ控えめのクリームをサンドした焼菓子。表面に横浜発祥のガス灯の模様が刻印され、横浜のハイカラ文化を堪能できる。レモン、チョコレート、ピーナッツの3種がある。

販売 グランドキヨスク新横浜
（駅直結「キュービックプラザ」2階）

実食Check ☐ 横濱元町 霧笛楼

横濱煉瓦

1個 324円／4個入 1,404円～

西洋レンガに見立てたフォンダンショコラ

横浜元町で作られていた西洋レンガに見立てて作ったスイーツ。焼きたてのチョコレートケーキに、ペースト状のクルミを練り込んだチョコソースをかけ、おいしさを層にした。しっとり濃厚な大人の味わい。

販売 グランドキヨスク新横浜（駅直結「キュービックプラザ」2階）

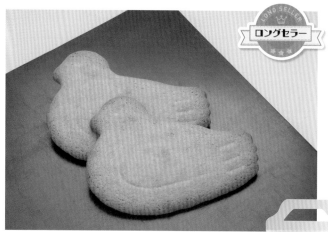

120年余りの歴史をもつ定番みやげ

鎌倉のシンボル、鶴岡八幡宮にちなんだ鎌倉の銘菓。八幡宮本殿の額の「八」の字が鳩の抱き合わせになっており、境内にたくさんの鳩がいることから、1897（明治30）年ごろに初代店主が考案したという。オリジナルの手提げ型パッケージは、店頭購入でしか入手できない。

販売 豊島屋 鎌倉駅前 扉店（東口駅前）、江ノ電ことのいち鎌倉（江ノ島電鉄改札内）

実食Check □

豊島屋

鳩サブレー

4枚手提げ黄色 615円

豊島屋

きざはし

4包入 756円　実食Check ☑

古寺の石段を表現

豊島屋のもう一つの名物商品。求肥に焦がしきな粉をまぶし、苔むした鎌倉の古寺の石段の趣を表現している。「きざはし」は、階段を意味する言葉。

販売 豊島屋 鎌倉駅前 扉店（東口駅前）

鎌倉まめや

湘南ミックス 324円
マヨネーズピー 270円
湘南ゴールドピー 378円
ほか各種

実食Check ☑

ラインナップは50種以上！

豆本来の味わいを大切にしている鎌倉の豆菓子専門店が、駅ビル内に出店。四季折々、色とりどりの50種類以上の豆菓子を用意している。写真は、人気商品5種。

販売 鎌倉まめや シャル鎌倉店（駅ビル「シャル鎌倉」1階）

実食Check □　鎌倉ニュージャーマン

かまくらカスタード
（カスタード）

1個 195円

ふわふわ生地とクリームのハーモニー

ふんわりスポンジケーキにオリジナルのカスタードクリームをたっぷり詰め込んだスイーツ。定番のカスタードのほかに、季節限定の味もある。甘さ控えめの優しい味なのがうれしい。

販売 鎌倉ニュージャーマン 鎌倉本店（東口駅前）

鎌倉小川軒

レーズンウィッチ 10個入 1,600円

風味豊かなラムレーズンがたまらない

自家製ラムレーズンと口溶けのよいバタークリームを、軽い食感のバターサブレでサンド。アルコール分を揮発させてさらに時間をかけて丹念に作りあげており、子どもやお酒の弱い人でも香り高いラムレーズンを堪能できる。

販売 鎌倉小川軒 シャル鎌倉店（駅ビル「シャル鎌倉」1階）

鎌倉旬粋

鎌倉花紋 1個 240円

プレミアムな大判焼き

贅沢に卵を使い、パンケーキのようなふわふわ生地に仕上げた大判焼き。プレミアムカスタードプリン、餅入り十勝こしあん、鎌倉ハムたまごなどがあり、種類ごとに異なる紋様を焼き付ける。出来たてはもちろん、冷めてもおいしい。

販売 鎌倉旬粋（駅ビル「シャル鎌倉」1階）

鎌倉あめ源

源 頼朝飴 （みなもとの より とも あめ） 10個入 300円

昔ながらソーダ味の飴

鎌倉幕府を開いた源頼朝の顔が愛らしい、ソーダ味の飴。職人が手作業で製造しており、レトロな趣を感じさせる。

販売 鎌倉ホーム売店（横須賀線1・2番線ホーム）

鎌倉旬粋

鎌倉絵巻クッキー 10枚入 778円／20枚入 1,443円

鎌倉で見た"あの風景"を表現

鎌倉大仏や流鏑馬神事、アジサイ（あじさい寺）など、鎌倉・湘南エリアを象徴する風景をプリントした愛らしいクッキー。

販売 鎌倉旬粋（駅ビル「シャル鎌倉」1階）

愛らしいパッケージも魅力的

千葉県の特産品である落花生（ぴーなっつ）を
モチーフにしたもなか。もなかの中には、ぴー
なっつの甘煮が煉り込まれた特製のあんが詰
め込まれている。ぴーなっつをイメージしたパ
ッケージもユニーク。

販売 NewDays（駅構内）、なごみの米屋 ペリ
エ千葉エキナカ店（駅直結「ペリエ千葉」3階）

実食CHECK☑ なごみの米屋
ぴーなっつ最中
1個 150円／8個詰 1,450円

やます
MAX COFFEEサブレ
20枚入 1,512円

実食CHECK☑

ご当地缶コーヒーとのコラボ

甘さたっぷりの「マックスコーヒー」は、千葉県で親し
まれている缶コーヒー。その味をクッキーで表現したも
ので、ほんのりビターな大人の味わいが楽しめる。

販売 房の駅（駅直結「ペリエ千葉」3階）

実食CHECK☑ やます
ピーナツキング
12枚入
1,296円〜

香ばしいピーナツ入りの焼菓子

千葉県産の大粒のピーナツを、サクサクのクッキーの
上に散りばめた焼菓子。ピーナツの香ばしさが、クッ
キーにほどよく絡む。"ピーナツ王国"千葉を象徴す
るパッケージのイラストは、インパクト抜群。

販売 房の駅（駅直結「ペリエ千葉」3階）

実食CHECK☑ 鶴屋
落花煎餅
2枚入×11袋 2,376円

ピーナツを練り込んだせんべい

細かく砕いた落花生をちりばめた、まん丸のせんべい。香ばし
い落花生に、表面に塗られたすり蜜（砂糖を結晶化させたもの）
のほどよい甘みが加わり、一度食べ始めると止められなくなる。

販売 房の駅（駅直結「ペリエ千葉」3階）

関東

関東のご当地駅みやげ

JR東海道新幹線・東海道線・山手線・京浜東北線 ほか

品川駅（しながわえき）

実食□

空いろ
銀座もなか
1,622円

絶品のあんを堪能する"手づくりもなか"

銀座で大人気の老舗和菓子店「空也」の新ブランドとして誕生した「空いろ」。空也の伝統を引き継いだ自慢のあんを、香ばしいもなか皮で挟んでいただく"手づくりもなか"がおみやげに最適。品川駅限定販売で、あんはつぶあん、こしあん、白あん、大豆あんから選べる。

販売 空いろ（「エキュート品川」１階〈改札内〉）

東武スカイツリーライン

浅草駅（あさくさえき）

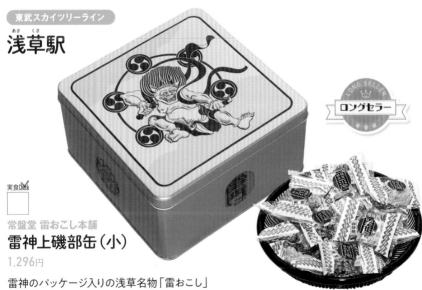

ロングセラー
LONG SELLER

実食□

常盤堂 雷おこし本舗
雷神上磯部缶（小）
1,296円

雷神のパッケージ入りの浅草名物「雷おこし」

江戸時代より浅草みやげの定番として親しまれた「雷おこし」は、「家をおこし、名をおこす」縁起物としても人気。やさしい甘みの「白砂糖」とコクのある「黒砂糖」の2種類のおこしの詰合せで、一つ一つ個包装されている。エンボス仕様の雷神が描かれたパッケージ缶は、浅草みやげにぴったり。

販売 常盤堂 松屋浅草店（駅直結「松屋浅草」１階）

大宮駅
おお みや

実食Check

十万石

十万石まんじゅう
1個 140円／5個入 745円

「うまい、うますぎる」の テレビCMで有名に

生地に山芋（薯蕷）を使った「薯蕷まんじゅう」の一種で、北海道産小豆で作るこしあんを、つくね芋（大和芋）とコシヒカリの米粉を使った生地で包み込む。「十万石」の名は、製造元の「十万石ふくさや」の創業の地である埼玉県行田市にあった忍藩が石高10万石であったことに由来。「うまい、うますぎる」のフレーズで印象的なテレビCMにより、埼玉県民にとってはおなじみに。

販売 十万石 そごう大宮店（西口駅前「そごう大宮店」地下１階）、NewDays 各店（駅構内）

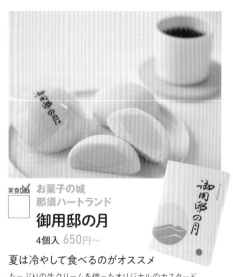

那須塩原駅
な す しお ばら

実食Check　**チーズガーデン**

御用邸チーズケーキ　1,680円

しっとり濃厚な味わいがたまらない

数種類のチーズをブレンドし、那須高原の専用工場で職人が一つ一つ丁寧に焼きあげており、濃厚なチーズの風味としっとりなめらかな食感を楽しめる。「チーズガーデン」の人気No.1商品で、常温で待ち帰りできるのがうれしい。

販売 チーズガーデン
JR 那須塩原駅店（駅構内）

実食Check　**お菓子の城
那須ハートランド**

御用邸の月
4個入 650円〜

夏は冷やして食べるのがオススメ

たっぷりの生クリームを使ったオリジナルのカスタードクリームを、ふんわりカステラでやさしく包み込んで蒸しあげた。ふんわりとろける食感が特徴で、冷やして食べるとしっとりして違ったおいしさに。

販売 御用邸の月 那須塩原駅店（駅構内）

熊谷駅
（くまがや）

実食Check
紅葉屋本店
五家宝
（ごかぼう）

12本入 432円

きな粉も自社製造する
こだわりの逸品

埼玉県の銘菓「五家宝」は、餅米に砂糖や水飴などを加え、きな粉をまぶして作る。1765（明和2）年創業の老舗、紅葉屋本店の五家宝は、大豆、餅米、水あめ、砂糖だけを原料とし、きな粉も大豆を焙煎して自前で作る。定番の味以外に、アンズや抹茶、アーモンドなどの味も。

ロングセラー

販売 紅葉屋本店 熊谷駅ビル アズロード店（駅構内）、NewDays 熊谷（駅構内）

銚子電気鉄道
犬吠駅
（いぬぼう）

実食Check
銚子電気鉄道
銚子電鉄のぬれ煎餅

赤の濃い口味 5枚入 500円

経営危機の地方私鉄を救ったヒット商品

焼きたてのせんべいに醤油だれを染み込ませた「ぬれ煎餅」は、千葉県銚子市の名物。「銚子電鉄のぬれ煎餅」は、赤字に苦しむ銚子電鉄が鉄道の収入減を補うための切り札として売り出し、大ヒットしたことで有名。せんべいなのにやわらかく、銚子特産の醤油の旨みが利いている。

販売 犬吠駅売店（駅構内）

JR成田線
成田駅
（なりた）

実食Check
黒平まんじゅう本舗 菜花の里
黒平まんじゅう
（くろべら）

1個 108円／**6個入** 720円

黒糖風味をあじわう成田の銘菓

昔ながらのセイロ蒸しで丁寧にじっくりと作りあげた、黒糖風味たっぷりのまんじゅう。素材にもこだわり、あんは北海道十勝産の小豆、水は老舗酒蔵の仕込み水を使用している。セイロで蒸しあげたまんじゅうを逆さまにひっくり返すことで、ほどよく皮が締まり、しっとりもちもちした食感に仕上げる。

販売 黒平まんじゅう本舗 JR 成田駅前店（東口駅前）

安房鴨川駅
あわ かも がわ

館山駅
たて やま

実食Check □ **房洋堂**
花菜っ娘
6本入 928円

春の房総を彩る菜の花をイメージ

春の房総半島を彩る菜の花をモチーフにした銘菓。菜の花をイメージする黄味あんを、ふんわり香るバター生地で包み込んだ"ふるさと"のホイル焼乳菓。ふっくら、しっとりとした食感が楽しめる。

販売 房洋堂 館山駅前店（東口駅前）

実食Check □ **房洋堂**
牛乳せんべい
16枚入 1,166円

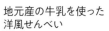

地元産の牛乳を使った洋風せんべい

千葉県産の新鮮な牛乳をふんだんに使ったせんべい生地で、なめらかなバニラ風味のクリームをサンド。「クリームサンド」と、千葉県産の落花生を使った「ピーナッツ・クリームサンド」の2種類がある。せんべい生地には、牛の親子が刻印されている。

販売 NewDays（駅構内）

小田原駅
お だ わら

実食Check □

ういろう
お菓子のういろう
（白砂糖・抹茶・小豆・黒砂糖）
各1棹 756円

「ういろう」の元祖

医療に長け、小田原城下で漢方薬を製造している外郎家が、室町時代に外国使節の接待用に考案した米粉の蒸し菓子で、家名からその名で呼ばれるようになった。もっちりとした食感と上品な甘さが特徴で、伝統の棹型にこだわる。小田原での販売を基本とし、25代にわたり伝統を守り続けている。

販売 小田原駅名産店（駅構内）

駅みやげ図鑑
第 4 章

北陸・甲信越

（新潟県・長野県・山梨県・富山県・石川県・福井県）

新潟駅	直江津駅
長野駅	新高岡駅
松本駅	芦原温泉駅
甲府駅	軽井沢駅
富山駅	飯田駅
金沢駅	富士山駅
福井駅	
敦賀駅	

田中屋本店
笹だんご（つぶあん）
実食Check ☐

1個 216円

野趣あふれる新潟名物のだんご

1931（昭和6）年創業の老舗、田中屋本店が手掛ける新潟名物の「笹だんご」。新潟県産の良質米で作られたヨモギだんごを、笹で包んで野趣あふれるムードに仕上げた。定番のつぶあん入りのほかに、地元産のくろさき茶豆入りの茶豆笹だんごもオススメ。

販売 田中屋本店 新潟駅ビルCoCoLo 店
（駅ビル「CoCoLo新潟」2階 EAST SIDE）

実食Check ☐ 田中屋本店
茶豆笹だんご（くろさき茶豆）
1個 270円

実食Check ☐ 入広瀬
笹雪だるま® 1個 270円／5個入 1,350円

魚沼産コシヒカリを使った白い笹だんご

雪国・魚沼にちなんで、雪だるまに見立てて作った笹だんご。魚沼産コシヒカリ「惣五郎」の米粉を100%使用しただんごの中には、つぶあんがたっぷり入る。手作業で作っているため、雪だるまの表情が一つ一つ異なるという。

販売 ぽんしゅ館 コンプレックス（駅ビル「CoCoLo新潟」2階 WEST SIDE）

上杉謙信も愛した!?

笹の葉には抗菌・防腐作用があることから、笹だんごはもともと保存食として生まれたと見られている。越後を治めた戦国武将、上杉謙信が兵糧食として笹だんごを携帯していたとも伝わり、兵士がだんごを食べ、残った笹を馬に食べさせたという言い伝えもある。

実食Check □

瑞花
うす揚
（えび味・柚子こしょう味・青のり風味・チーズ味）
各 432円

**素材のおいしさを堪能する
新潟発のお米のお菓子**

お米で作った薄い生地を、職人の手作業で丁寧に揚げたお菓子。独特のサクッと軽い口あたりととろけるような食感は、手間ひまをかけた製法だからこそ。定番の4種は、シンプルながらも飽きのこない味付け。このほか、季節ごとの期間限定品も販売される。

販売 瑞花 CoCoLo 新潟店（駅ビル「CoCoLo 新潟」2階 EAST SIDE)

実食Check □ **浪花屋製菓**
柿チョコ／ホワイト柿チョコ
330円

異色の組み合わせで人気上昇中

「元祖柿の種」で知られる老舗、浪花屋製菓の人気商品。チョコをコーティングした柿の種で、チョコの甘さと柿の種のピリ辛が不思議と合うと評判に。ホワイト柿チョコ、きなこ柿チョコなどのバリエーションがある。チョコの品質維持のため、冬季限定販売。

販売 ふるさと（駅ビル「CoCoLo 新潟」2階 EAST SIDE）、ぽんしゅ館 コンプレックス（駅ビル「CoCoLo 新潟」2階 WEST SIDE）、NewDays 各店（駅構内）ほか

季節限定

実食Check □

亀田製菓
サラダホープ
248円

新潟県民のソウルフード!?

亀田の柿の種などでおなじみ、亀田製菓の一口タイプのあられ。1961（昭和36）年から続くロングラン商品だが、新潟県外ではほとんど販売されていない。一番人気の「塩味」のほか、「えだ豆味」や「海老しお味」などがあり、サクサク食感がやみつきになる。

販売 ふるさと（駅ビル「CoCoLo 新潟」2階 EAST SIDE）、ぽんしゅ館 コンプレックス（駅ビル「CoCoLo 新潟」2階 WEST SIDE）、NewDays 各店（駅構内）ほか

ライチョウが生息する山々に思いを馳せて

欧風せんべいにクリームをサンドした、信州みやげの定番。さくっとした歯ざわりとまろやかな甘みは、ウエハースを思わせる。北アルプスなどの3,000m級の高山に生息するライチョウは、出合えばいいことが起こる"神の鳥"として人気で、その気品ある姿を描いたパッケージが美しい。

販売 NewDays 各店（駅構内）、Bearny（駅ビル「MIDORI 長野」2階）

実食Check
雷鳥の里本舗 田中屋
雷鳥の里
9枚入 810円

実食Check みすゞ飴本舗 飯島商店
みすゞあられ
190g 650円

「みすゞ飴」をよりソフトに

半生タイプのダイス状の寒天飴。「みすゞ飴」よりも乾燥を控えめに仕上げ、よりやわらかく、すっきりとみずみずしい味わい。

実食Check みすゞ飴本舗 飯島商店
みすゞ飴 箱入小（240g） 660円

昔ながらの製法で作る和風ゼリー菓子

あんずやぶどうなど6種類の国産果実の果汁を、寒天やグラニュー糖、水飴とともに練り込んでゼリー状にした菓子。ジャムのような濃厚な味わいが楽しめる。「みすゞ」の商品名は、信濃国の枕詞である「みすゞかる」に由来。

販売 飯島商店 MIDORI 長野店（駅ビル「MIDORI 長野」2階）

実食Check 御菓子処 花岡

胡桃の醍醐味

1個 216円／8個入 2,052円～

クルミとチーズの絶妙なハーモニー

日本一のクルミの産地である長野県東御市に本店を構える菓子店の人気商品。濃厚なハードタイプのチーズケーキの下に、たっぷりのクルミがドッキング。クルミのほろ苦さとチーズの甘みのハーモニーがたまらない。要冷蔵。

販売 信州名産品（善光寺口駅前「ながの東急百貨店」地下1階）

実食Check 九九や旬粋

善光寺 九九福

6個入 810円～

気品のあるシナモンの風味がアクセントに

花豆と白あんを裏ごししてシナモンとジンジャーを効かせたあんを、練乳入りのしっとりした生地で包んだ洋風まんじゅう。「善光寺御公許」の菓子の一つで、善光寺参拝の記念にどうぞ。

販売 九九や旬粋 MIDORI 長野店（駅ビル「MIDORI長野」2階）

実食Check 竹風堂

栗ようかん 小形　2本入 453円～

栗菓子の名店が手掛ける"本気"の栗ようかん

栗の産地、長野県小布施町に本店を構える栗菓子店、竹風堂が手掛ける100％国産栗の栗ようかん。混ぜ物なしの栗ペーストだけで作られ、ほかの栗ようかんにはない「ねっとりした舌ざわりと深みのある色つや」を堪能したい。

販売 竹風堂 長野駅前店（善光寺口駅前）、信濃の風 長野新幹線口店（新幹線改札内コンコース）、NewDays 長野（新幹線改札口横）ほか

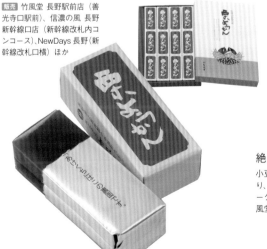

実食Check 竹風堂

どら焼山 栗粒あん

1個 280円／
5個入 1,512円～

絶品どら焼きとして話題に

小豆のあんこをサンドした一般的などら焼きと異なり、国産の栗をつぶした栗粒あんを詰め込んだユニークおやつ。栗本来の香りと甘さが引き出され、竹風堂の人気ナンバーワン商品になっている。

開運堂
白鳥の湖
実食Check □

16枚缶入 1,836円

**青い皿に並べると
湖水に浮かぶ白鳥に！**

1884（明治17）年より続く老舗菓子店、開運堂の大人気商品。スペインの伝統菓子「ポルボローネ」という、落雁のような口どけのソフトクッキー。安曇野の梓川に飛来する白鳥をモチーフとし、表面には白鳥が型押しされている。

販売 NewDays 松本銘品館（駅ビル「MIDORI 松本」3階）、信濃の風（駅改札口前）

マサムラ
天守石垣サブレ
実食Check ☑

1枚 259円／5枚入 1,296円〜

松本城の石垣をイメージ

マカデミアナッツを練り込んだサクサクのサブレに、ホワイトチョコレートをサンド。サブレの表面の凸凹は、長年の風雪に耐えてきた松本城の石垣をイメージしている。昭和レトロな包装紙も◎。

販売 NewDays 松本銘品館（駅ビル「MIDORI 松本」3階）

小林製菓
あずさ
実食Check □

1個 140円／6個入 950円〜

安曇野の美しい自然をイメージ

北アルプスの麓に位置する信州・安曇野の山河をイメージして作られた銘菓。生みたての卵を使ったふんわりカステラに、やさしい風味のホワイトチョコレートをコーティング。トッピングのアーモンドの香ばしさが、甘みの中でアクセントになる。

販売 菓舗小林（駅ビル「MIDORI 松本」4階）、信濃の風（駅構内〈改札内〉）

JR中央本線・身延線

甲府駅
こうふえき

実食Check 桔梗屋
□ **桔梗信玄餅**
2個入 **429円**〜

風呂敷包みの包装が印象的

きな粉をまぶした餅に、黒蜜をかけて食べる。山梨県ではもともとお盆に安倍川餅を食べる習慣があり、これを一年中食べられるように現代風にアレンジし、風呂敷包みのユニークな包装にして1968（昭和43）年に発売されたのが、桔梗信玄餅のルーツだ。

販売 桔梗屋東治郎 セレオ甲府店（駅ビル「セレオ甲府」2階）、黒蜜庵 セレオ甲府店（改札前）、甲斐の味くらべ（駅ビル「セレオ甲府」2階）

実食Check 澤田屋
□ **くろ玉** 4個入 **648円**

あんこ玉に羊羹をかけた和菓子

北海道産の青えんどう豆を使った「うぐいすあん」に、職人の手で黒糖羊羹をかけて仕上げる地元の銘菓。黒糖のコクと甘みがうぐいすあんに絡むと、旨みが引き出される。人気漫画『呪術廻戦』に登場するアイテムに見た目がそっくりであることから話題に。

販売 NewDays KIOSK（駅構内）

実食Check 桔梗屋
□ **桔梗信玄生プリン**
4個入 **982円**〜

和のテイストのプリン

フレッシュな生クリームを使い、香ばしいきな粉を散りばめたプリン。カラメルではなく、桔梗信玄餅でおなじみの黒蜜をお好みでかけていただく。

販売 桔梗屋東治郎 セレオ甲府店（駅ビル「セレオ甲府」2階）、黒蜜庵 セレオ甲府店（改札前）

富山駅
とやまえき

実食Check ☑

日の出屋製菓

しろえび撰　18枚入 1,296円～

富山の自然の恵みを凝縮したしろえびせんべい

富山県のブランド米「てんたかく」を100%使い、立山連峰の伏流水で仕込み、従来の2倍以上の白エビを贅沢に練り込んだプレミアムなせんべい。パリッとした軽い食感に仕上げており、富山湾の白エビから生まれる上品な香りと甘さを堪能したい。

販売 ささら屋（駅構内「とやマルシェ」）

「富山湾の宝石」と称される白エビ

世界でも富山湾だけで漁が行われる白エビは、透明感があってキラキラ輝き、淡いピンク色を帯びた姿から、「富山湾の宝石」とも称される。今では富山県を代表する特産物となり、すしや刺身、唐揚げなどでその上品な味を堪能できる。

 実食Check ☑

放生若狭屋

かりんとうまんじゅう こしあん 120円

波照間産の黒糖を使った人気まんじゅう

沖縄県の波照間島の黒糖を使用したまんじゅうを高温の油で揚げ、外はカリッ、中はしっとりした食感に仕上げた。カリっとした歯ごたえの後に、しっとりしたあんの甘みが絡み、昔懐かしいかりんとうを思わせる。自家製のこしあんを包んだ「こしあん」のほかに、季節の素材を使ったあんもある。

販売 放生若狭屋 とやマルシェ店（駅ビル「とやマルシェ」）

 実食Check ☑

あいの風

深海の乙女
白海老せんべい
かき揚げ仕立

15枚入 1,026円～

白エビをかき揚げ風に

富山湾の白エビを使用したせんべい。白エビを最もおいしく食べることができるかき揚げをイメージし、かき揚げの食感を再現するため一枚一枚に天かすをトッピングしている。醤油の香ばしさもしっかり利いていて、サクサクで何枚でも食べられる。

販売 とやま銘菓（駅ビル「とやマルシェ」）

実食Check リブラン

甘金丹 氷見 灘浦みかん

1個 248円

特産みかんの風味をミックス

甘金丹の新商品。氷見・灘浦地区で栽培されている「灘浦みかん」100%の果汁から作ったソースを入れ、さっぱりとした甘みと皮の苦味を加えた。期間限定販売（2月〜5月中旬）。

実食Check リブラン

甘金丹 1個 216円

富山の薬売りにちなんだネーミング

富山でおなじみのスイーツ専門店、リブランが手掛ける富山銘菓。黄色のスポンジ黄地の中になめらかなカスタードクリームが入った蒸し菓子で、しっとりしたやさしい味わいが楽しめる。商品名は、「薬売り」で知られる富山の代表的な薬「反魂丹」の名をもじったもの。

販売 リブラン とやマルシェ店（駅ビル「とやマルシェ」）、おみやげ処富山（駅構内）

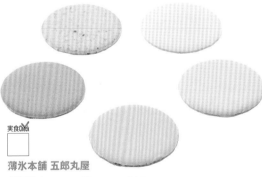

実食Check
薄氷本舗 五郎丸屋

T五（ティーゴ） 5枚入 864円

カラフルなパレットのような干菓子

富山県産の「新大正もち米」を使ったせんべいに、阿波の高級和三盆を丁寧に塗り重ねて作る。薄氷のように薄く、口の中に入れると雪解けのように溶けるのが特徴。桜、抹茶、柚子、和三盆、胡麻の、五つのTONE（色合い）とTASTE（味わい）を楽しもう。

販売 とやま銘菓（駅ビル「とやマルシェ」）、おみやげ処富山（駅構内）

実食Check 梨の菓瀧味堂

くれは梨もなか

1個 129円／10個入 1,544円

呉羽梨をイメージした銘菓

「幸水」などの梨の産地、富山市呉羽地区にある菓子店が考案した銘菓。呉羽梨をかたどったもなかの中に、梨の実をミックスした白あんと自家製の小豆あんの2色が詰め込まれ、淡くまろやかな味わいを醸す。

販売 とやま銘菓（駅ビル「とやマルシェ」）

実食Check

金沢 うら田
加賀八幡 起上もなか

1個 184円／
7個入 1,426円

愛嬌のある人形をかたどったもなか

金沢の郷土玩具「加賀八幡起上り」をモチーフにしたもなか。パッケージや包装紙だけでなく、もなかの皮にも加賀八幡起上りをかたどったデザインが見られる。もなかの中には、北海道産小豆を使った小倉あんがたっぷり。

販売 金沢うら田 百番街店（駅ビル「金沢百番街」あんと）

実食Check 菓匠 高木屋
紙ふうせん

9個入 680円～

独創的な"仕掛け"が楽しい！

カラフルな丸いもなかの中に、ぶどう（赤）、レモン（黄）、ワイン（白）の錦玉（寒天と砂糖で作るゼリー菓子）が入る。もなかとゼリーが合わさった、ガリガリザクザクの新鮮な食感が魅力的で、見ていても楽しい。紙風船の折り方ガイドと5色の折り紙付き。

実食Check 菓匠高木屋
あんず餅

4個入 1,188円

フルーティーなアンズを丸ごと堪能

豊潤なアンズを丸ごと1個蜜漬けにして、白あんと羽二重餅で包んだ生菓子。ジューシーで甘酸っぱい風味を楽しめる。冷やしてから食べると、よりいっそうフルーティーな味わいに。

販売 菓匠 高木屋 金沢駅 金沢百番街あんと店（駅ビル「金沢百番街」あんと）

実食Check 烏鶏庵（うけいあん）

烏骨鶏かすていら
（金箔）2号　1,814円

金沢の農場で育った烏骨鶏の卵を使用

卵の質にこだわり、金沢郊外の直営農場で飼育している烏骨鶏の卵を使った上質なカステラに、金箔をまぶした逸品。きめ細やかな生地は、卵の味がしっかり感じられる。個包装タイプや、プレーン、黒糖、抹茶の3種類セットも人気。

販売 烏鶏庵 百番街店（駅ビル「金沢百番街」あんと）

実食Check 御菓子司 松葉屋

栗蒸し羊羹 月よみ山路
1棹 840円

栗むし羊羹の最高峰！

蜜漬けした栗とこしあんを合わせ、竹皮で包んで蒸しあげて作る羊羹。どこを切っても栗が顔を出すのが特徴で、竹皮のほのかな香りも旨みを引き出している。商品名は、「月よみの 光をまちて 帰りませ 山路は栗の いがの多きに」という、江戸時代の僧侶・良寛の歌から。

販売 百番銘菓（駅ビル「金沢百番街」あんと）

実食Check あめの俵屋

じろあめ 壺入り　300g 1,458円

やさしい甘さで
190年余りにわたって親しまれた

1830（天保元）年創業の老舗あめ屋の看板商品。人工甘味料を使わず米と大麦だけを原料にして、手作りで製造される水あめ状のあめ。そのままなめて味わうのはもちろん、砂糖の代わりとして料理や飲み物にも使える。大ヒットTVドラマ「半沢直樹」に登場したことで話題に。

販売 あめの俵屋 百番街店（駅ビル「金沢百番街」あんと）

LONG SELLER
ロングセラー

実食Check 佃の佃煮

加賀の白峰　5個袋入 702円〜

金沢の伝統の味を詰め込んだもなか

加賀料理ではおなじみ、米飴（じろあめ）などで炊いた「クルミの佃煮」を、クルミの殻をかたどったもなかで包み込む。クルミ本来の味を大切にしつつ、甘じょっぱい風味に仕上げられており、お茶請けにも酒のつまみにもピッタリ。

販売 佃の佃煮 百番街店（駅ビル「金沢百番街」あんと）

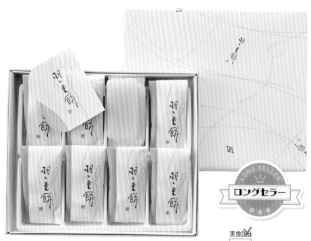

きめ細かな絹を思わせる逸品

1910（明治43）年創業の老舗菓子店が手掛ける福井名物の羽二重餅。福井産の米を使用し、砂糖、水あめもすべて国産にこだわり、2時間練りあげてきめ細かに仕上げる。羽二重餅は、明治初期に絹織物の羽二重の生産が盛んになったことから、土地の名産品をイメージするみやげとして開発された。

販売 佐佳枝上町 村中甘泉堂（駅構内「くるふ福井駅」）

実食Check

村中甘泉堂
羽二重餅（はぶたえもち）
4個入 421円～

お菓子処 丸岡家
はっくつバウム
1,404円

実食Check

"恐竜王国"福井をアピール

たっぷりの福井県産の卵と徳島県産の和三盆を使ったバウムクーヘン。恐竜の化石が数多く発掘されてきた"恐竜王国"福井にちなんで、地層に見立てたバウムクーヘンに恐竜の焼き印をつけた。虫眼鏡から中身が見えるパッケージも秀逸。

販売 おみやげ処福井（駅構内「くるふ福井駅」）、かゞみや（西口隣接「ハピリン」1階）、福井市観光物産館 福福館（西口隣接「ハピリン」2階）

実食Check

御菓子処 五月ヶ瀬
五月ヶ瀬（さつきがせ） 8枚箱入 950円～

石窯で作る福井の名物せんべい

4種類の小麦粉を独自配合した生地に、一級品のピーナッツを練り込み、石窯で一枚一枚じっくり焼きあげて作るクッキー風味のせんべい。ほのかな甘みと歯ごたえのある食感に、ピーナッツの香ばしさがほどよく絡む。

販売 おみやげ処福井（駅構内「くるふ福井駅」）、セブン-イレブンハートイン JR福井駅新幹線改札口（駅構内）、かゞみや（西口隣接「ハピリン」1階）

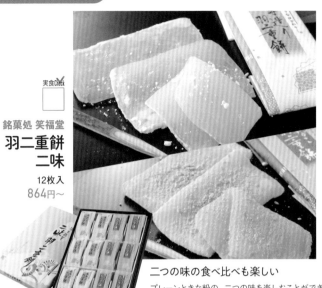

敦賀駅 <small>つるが</small>

実食済

銘菓処 笑福堂
羽二重餅 二味

12枚入
864円～

二つの味の食べ比べも楽しい

プレーンときな粉の、二つの味を楽しむことができる羽二重餅。敦賀の老舗菓子店が製造しており、福井産の餅米にこだわり、職人が空気を含ませながら砂糖と合わせて炊き込むことで、ふんわりとろける絶妙の食感をもたらす。

販売 敦賀駅交流施設オルパーク「おみやげ処」（駅直結）

実食済 **小堀日之出堂**
敦賀ふわっセ

1個 **302円**
4個箱入（生クリーム2個・カスタード2個） **1,296円**

みかんの酸味がたまらない
地産地消スイーツ

濃厚で酸味が強い「敦賀みかん」の栽培から店主が携わり、地産地消にこだわったオリジナルスイーツ。敦賀みかんをゼリー状にして生クリームと合わせ、敦賀産コシヒカリで作ったカステラ生地でサンドした。秋季・冬季（通常11月以降、敦賀みかんがなくなるまで）の季節商品で、要冷凍。

販売 おみやげ処敦賀（駅構内〈在来線改札内〉）

季節限定

実食済 **小堀日之出堂**
北前船の贈物 手焼き昆布さぶれ

10枚入 **1,296円～**

おぼろ昆布を加えたサクサクサブレ

敦賀名産の「おぼろ昆布」を使った、風味豊かな口どけのいい手焼きサブレ。氣比神宮、平安神宮、明治神宮の献上銘菓として名高い。北前船の寄港地であった敦賀港を通じ、北海道から昆布が盛んに流通していたことから、敦賀はかつて昆布の加工業で繁栄を極めた。

販売 おみやげ処敦賀（駅構内〈在来線改札内〉）、敦賀駅交流施設オルパーク「おみやげ処」（駅直結）

JR信越本線／えちごトキめき鉄道
直江津駅
（なおえつえき）

三野屋
元祖継続だんご 5本入 1,080円

実食Check □

『放浪記』に登場した直江津の名物

1903（明治36）年、直江津の米穀取引所が閉鎖の危機に陥ったが、町民運動により「継続」となり、これを記念して作られたのが始まり。林芙美子の小説『放浪記』に登場したことでも有名。餅ではなく白あんで作る手作りのだんごで、表面だけ香ばしく焼き、艶出しの寒天をかけて仕上げる。

販売 三野屋 直江津駅前本店（北口駅前前）、NewDays（駅構内）

ロングセラー

JR北陸新幹線・城端線
新高岡駅
（しんたかおか えき）

実食Check □

大野屋
高岡ラムネ
各種 540円

和菓子作りで培った熟練の技術で作るラムネ

1838（天保9）年創業の老舗和菓子店が、近年開発した注目商品。落雁などに用いられる和菓子の木型を使い、職人が一つ一つ手作りでさまざまな造形を生み出す。富山県産コシヒカリなど素材を選りすぐり、駄菓子のラムネとはひと味違った上品な味わいが魅力。四季を彩る花をデザインした「花尽くし（国産いちご味）」（右）、福徳を招く宝物をデザインした「宝尽くし（国産しょうが味）」（左）などがある。

販売 セブン-イレブン おみやげ処高岡店（駅構内）

JR北陸新幹線／ハピラインふくい

芦原温泉駅
（あわらおんせん）

実食Check ☐ **越前夢工房**
眼鏡堅麺麭
（めがね かた パン）

3枚入（新幹線） **648円**

眼鏡の街・鯖江の名物パン

「堅パン」は、福井県鯖江市の名物。第二次世界大戦において、鯖江の陸軍歩兵第三十六連隊で保存食として作られていた堅麺麭がルーツとされる。その製法を受け継ぐ地元のパン屋「ヨーロッパンキムラヤ」の監修の下、眼鏡の一大産地・鯖江にちなんで眼鏡型に。かなり硬いので、食べる時には気をつけて。

販売 セブン–イレブン おみやげ処芦原（駅構内）

JR北陸新幹線／しなの鉄道

軽井沢駅
（かるいざわ）

実食Check ☐ **Kongen Sweets（コンゲン スイーツ）**
生姜糖　プレーン **324円**

七味唐辛子の名店が手掛けた生姜スイーツ

信州を代表する七味唐辛子の老舗メーカー、八幡屋礒五郎がプロデュースした「Kongen Sweets」は、七味ゆかりの素材を使ったスイーツを製造・販売している。「生姜糖」は、七味素材の一つである生姜を絞り、高純度の砂糖で煮詰めたもの。そのまま食べても、お湯や紅茶に溶かしてもおいしい。

販売 根元 八幡屋礒五郎 軽井沢店（しなの鉄道軽井沢駅3階「しなの屋 KARUIZAWA」）

実食Check ☐

**Kongen Sweets
（コンゲン スイーツ）**

丸山珈琲
BEAN to BAR CHOCOLATE

648円

人気店のコーヒー豆をミックスしたチョコレート

軽井沢発祥のコーヒーブランド、丸山珈琲とのコラボ商品。七味唐辛子製造で培った焙煎技術を生かし、丸山珈琲のコーヒー豆とタンザニア産カカオ豆を合わせて作ったチョコレート。香り高いチョコを堪能しよう。

飯田駅
（いいだ）

実食Check □ いと忠

いと忠巣ごもり

1個 162円／6個入 1,242円

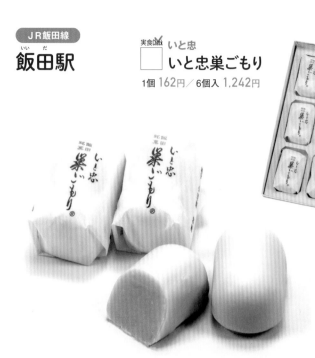

まろやかな黄味あんと
ホワイトチョコのハーモニー

1868（明治元）年創業の老舗菓子店が手掛ける銘菓。鶴の卵が巣にこもっているさまをイメージしたもので、国産卵の新鮮な卵黄で練りあげた黄味あんを、特製のホワイトチョコレートでコーティングしている。あんとチョコの配合がほどよく、まろやかな風味が広がる。

販売 多月堂（駅前）、一茶堂（駅前）

富士山麓電気鉄道富士急行線

富士山駅
（ふじさん）

実食Check □

FUJIYAMA COOKIE

フジヤマクッキー

10枚入 プレーン＆チョコレート
1,900円

こだわりの素材で作る富士山クッキー

富士山を形どったクッキー。100％国産の小麦粉から、隠し味に加える富士山麓産のチーズ、ハチミツにいたるまで、原材料を厳選して使用。原料の配合や焼き加減にもこだわり、素材本来の旨みや香りを最大限に引き出す。黄金色に焼けた生地はサクッと心地よく、ほろほろと口の中でとける。

販売 GATEWAY FUJIYAMA 富士山駅店（駅ビル「キュースタ」1階）

駅みやげ図鑑

第5章

東海

（静岡県・愛知県・岐阜県・三重県）

ロングセラー

喜多さんのパッケージが目印

東海道の名物「安倍川もち」を、戦後はじめて復活させた「やまだいち」。生のもちに近い食感を楽しめるよう、毎朝手作りで仕込みを行う。風味豊かなきな粉とこしあんの2種類セットで、弥次喜多道中でおなじみ、喜多八（喜多さん）が描かれた包装紙が目を引く。

実食Check
やまだいち

安倍川もち

4人前（4号） 1,200円

販売 パルシェ「やまだいち」（駅直結「パルシェ」1階食彩館）、ベルマートキヨスクほか駅構内の売店

実食Check
ミホミ

こっこ

2個入
270円

静岡銘菓として知られる
卵の風味豊かな蒸しケーキ

南アルプス山系の伏流水と新鮮なたまごを使った、ミルククリーム入りの蒸しケーキ。季節によってクリームの固さを変え、夏は溶けにくく、冬は固くなりにくいよう調整している。定番のプレーンに、静岡県産の素材を使った「濃い抹茶こっこ」と「いちごこっこ」を加えたスペシャルアソートもオススメ。

販売 ベルマートキヨスクほか駅構内の売店

実食Check
ミホミ

こっこ
スペシャル
アソート

1,836円

実食Check ☑ シーラック
バリ勝男クン。
静岡味めぐり編　1,296円

焼津のカツオを使った「かつおぶしチップス」

カツオの水揚げ日本一の焼津で明治期に創業した老舗水産加工食品メーカーが手掛ける人気商品。焼津で水揚げされたカツオを、ノンフライのヘルシーな「かつおぶしチップス」に仕上げた。定番の「しょうが醤油味」など4種を詰め合わせた「静岡味めぐり編」がオススメ。

販売 グランドキヨスク静岡（駅直結「アスティ静岡」西館）、プレシャスデリ＆ギフト静岡（在来線改札口正面）

実食Check ☑ カクゼン桑名屋
8の字
プレーン（100g）　450円

末広がりの「8」の字に焼いた"静岡ボーロ"

小麦粉と砂糖、卵を主原料とする素朴な焼菓子。末広がりの「8」の字の形が特徴で、静岡で80年以上にわたって親しまれている。ザクザクした食感と口溶けのよさは、クッキーやビスケットとは異なる独特なもの。一番人気のプレーンのほかに、さまざまなフレーバーがある。

販売 ベルマートキヨスクほか駅構内の売店、駿府楽市（駅直結「アスティ静岡」西館）

ロングセラー

実食Check ☑ 三浦製菓
お茶羊羹
3個入　454円〜

川根茶の風味が絶妙に絡む

高級茶として知られる静岡の川根茶を粉末にし、羊羹に練り込んだ逸品。クセのないあっさりした味に、お茶の苦味や渋みが絡み、旨みを引き出している。一口サイズになっており、容器の底の部分を押し上げると中身が出てくる。

販売 ベルマートキヨスクほか駅構内の売店、駿府楽市（駅直結「アスティ静岡」西館）ほか

実食Check ☑ 雅正庵（がしょうあん）
生クリーム大福 鞠福（まりふく）
生クリーム　170円
濃い抹茶クリーム　180円
ほうじ茶クリーム　170円

静岡のお茶屋がプロデュース

日本茶の名産地、静岡の製茶問屋がプロデュースしている、手毬を思わせるフォルムの生クリーム大福。柔らかいもち、しっとり上品なあん、生クリームの3層構造になっており、ほどよい甘みととろける食感がたまらない。静岡県産の高級抹茶を贅沢に使用した「濃い抹茶クリーム」、香ばしい「ほうじ茶」などのバリエーションもある。要冷蔵。

販売 グランドキヨスク静岡（駅直結「アスティ静岡」西館）

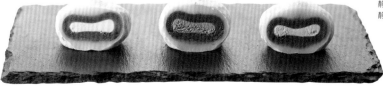

川端康成の名作をモチーフにした焼菓子

1872（明治5）年から続く老舗店の看板商品。川端康成の名作『伊豆の踊子』で描かれる淡い恋心を和菓子で表現したもので、焼きクルミを混ぜた白あんを、洋風のサブレ生地で包んで焼きあげた。包装には「甘味は 人の心を 和らげる」という武者小路実篤の言葉がプリントされている。

実食Check ☑

菓子舗 間瀬
伊豆乃踊子（いずのおどりこ）
1個 118円／4個入 486円〜

販売 菓子舗 間瀬 熱海ラスカ店（駅ビル「ラスカ熱海」1階）

実食Check

あをきのひもの本店
スナック熱海
全9種 各540円

スナック看板風の包装がGOOD！

熱海で干物の製造・販売を手掛ける「あをきのひもの本店」がプロデュースしているおつまみシリーズ。イカ天瀬戸内レモン味の「逃避行」、まぐろチーズの「Blue Wood」など9種類のラインナップがあり、熱海の街に並ぶスナック看板をイメージした包装が秀逸だ。

販売 あをきのひもの本店 ラスカ熱海駅店（駅ビル「ラスカ熱海」1階）

実食Check ☑ **黒麦まんじゅう本舗**
黒麦まんじゅう
1個 118円
6個入 756円

麦こがしを練り込んだまんじゅう

特製黒蜜たっぷりの生地に熱海の縁起物である「麦こがし」（大麦を煎って粉にしたもの）を練り込み、こしあんを包んでじっくり蒸しあげたまんじゅう。しっとりモチモチとした食感と、麦こがしの香ばしさを堪能できる。熱海随一のパワースポット、来宮神社（きのみや）への奉納菓子となっている。

販売 伊豆・村の駅 ラスカ熱海店（駅ビル「ラスカ熱海」1階）

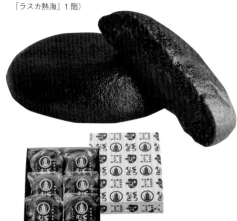

浜松駅
はままつ

JR東海道新幹線・東海道本線

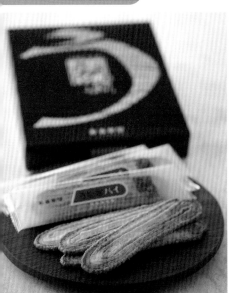

実食!!

春華堂
うなぎパイ
12本入 1,089円〜

60年以上にわたって親しまれる定番みやげ

うなぎの名産地、浜名湖にちなんだ定番みやげにして、静岡県を代表する銘菓としておなじみ。バターや小麦粉、グラニュー糖などの原料を厳選し、うなぎエキス、ガーリックなどの調味料をブレンドして焼きあげる。1961（昭和36）年の発売開始以来、職人が一つ一つ手作りで作りあげている。

販売 遠鉄百貨店 SHOP 春華堂（北口隣接「遠鉄百貨店」新館地下1階）、ベルマートキヨスク浜松（駅構内）ほか

実食!! **五穀屋**
山むすび
2種10枚入（黒たまり・七福米塩）
1,242円〜

五穀の風味豊かなせんべい

うなぎパイの「春華堂」が手掛ける和菓子ブランド「五穀屋」。玄米や麦などの穀物を使い、軽やかな食感のせんべいに仕上げた。たまり醤油を使った「黒たまり」、国産の7種類の穀物を使った「七福米塩」の、二つの味が楽しめる詰合せがオススメ。富士山と逆さ富士を描いたパッケージも味わい深い。

販売 ギフトキヨスク浜松（駅構内）

実食!! **まるたや洋菓子店**
あげ潮
180g 729円

浜松市民が愛するソウル菓子

地元の洋菓子店が手掛けるクッキー。レーズン、クルミ、オレンジピールが練り込まれ、各素材の風味が口いっぱいに広がり、生地にまぶしたコーンフレークの食感と相まって食欲をかき立てる。「あげ潮」は満ち潮を指し、幸運が潮のように満ちてくるようにという願いを込めて命名された。

販売 ベルマートキヨスク浜松（駅構内）、まるたや洋菓子店 遠鉄百貨店（北口隣接「遠鉄百貨店」新館地下1階）、まるたや洋菓子店 メイワンエキマチ店（「浜松駅ビル メイワン」EKIMACHI WEST）

名古屋地区限定のプレミアム海老せんべい

坂角総本舗
ゆかり黄金缶
10枚入 918円〜

実食Check ☐

「ゆかり」は、1枚あたりの原材料のうち、天然海老が約7割を占める海老せんべい。その黄金缶は名古屋地区限定品で、名古屋城の“金のしゃちほこ”にあやかり、黄金色に輝く缶で名古屋らしい華やかなイメージを表現している。専用の手提げ袋もセット。

販売 グランドキヨスク名古屋・ギフトキヨスク名古屋（駅構内コンコース）、坂角総本舗 ジェイアール名古屋タカシマヤ（駅直結「ジェイアール名古屋タカシマヤ」地下1階）ほか

ジェイアール東海
フードサービス

実食Check ☐

ぴよりん　1個 420円

愛らしいヒヨコをイメージした大人気スイーツ

愛知県の地鶏「名古屋コーチン」の卵を使ったプリンをババロアで包み、粉末状のスポンジをちりばめ、ヒヨコの形に飾りつけた生菓子。将棋棋士の藤井聡太さんが対局中に「ぴよりんアイス」を頼んだことで知れ渡り、人気に火がついた。要冷蔵（消費期限は当日中）。

販売 ぴよりん STATION カフェジャンシアーヌ（中央コンコース）、ぴよりん shop（駅直結「名古屋うまいもん通り広小路口」）

ロングセラー

元祖 鯱もなか本店
元祖鯱もなか（しゃち）
6個入 980円／9個入 1,360円

“金のしゃちほこ”にちなむ

名古屋城の“金のしゃちほこ”をモチーフにした和菓子で、1921（大正10）年の発売開始以来愛され続けている銘菓。純粋な餅米だけを使ったもなかの皮に、独自製法で炊きあげたこだわりのつぶあんをサンドして作る。

実食Check ☐

販売 ギフトキヨスク名古屋・グランドキヨスク名古屋（駅構内コンコース）、銘菓百選（駅直結「ジェイアール名古屋タカシマヤ」地下1階）、なごみゃ エスカ店（駅直結「エスカ地下街」）ほか

レニエ リヴゴーシュ

実食Check ☑

オグラスク

10枚入 1,080円

**小倉トーストを
香ばしいラスクに!**

名古屋の人気洋菓子店「仏蘭西菓子 レニエ」がプロデュース。名古屋グルメの一つとして知られる小倉トーストをラスクで表現しており、オリジナルの小倉クリームをラスク生地に塗り、香ばしく焼きあげている。

販売 レニエ・リヴゴーシュ(駅直結「ジェイアール名古屋タカシマヤ」地下1階)

実食Check ☑ **銀のぶどう**

コメダ珈琲店の小倉トーストサブレ

4個入 842円／8個入 1,620円

「コメダ珈琲店」とのコラボ商品

名古屋発祥の人気喫茶店「コメダ珈琲店」の小倉トーストをイメージしたお菓子。チョココーティングした特製の小倉あんを、パン粉を練り込んだバター香るトースト型のサブレにのせている。コク豊かなバターショコラで飾れば、まるで焼きたてのトーストのよう。

販売 グランドキヨスク名古屋、ギフトキヨスク名古屋(駅構内コンコース)ほか

実食Check ☑ **松永製菓**

しるこサンド

194円

愛知県人が愛するおやつ菓子

北海道産の小豆を使用したあんにリンゴジャムとはちみつを加え、ビスケット生地でサンド。ビスケットの食感とあんのやさしい甘さで、飽きのこない味が魅力。そのままでももちろん、牛乳につけたり、アイスクリームにトッピングしたりと、食べ方はさまざま。

販売 ベルマートキヨスク 各店(駅構内)、amano 各店(駅構内)

実食Check ☑ **青柳総本家**

カエルまんじゅう こしあん

3個入 443円／6個入 864円

つぶらな瞳がキュート

青柳総本家の「柳に飛びつくカエルのロゴマーク」にちなんだ、カエルの顔のまんじゅう。カエルの表情は、職人が一つ一つ手作業で入れている。定番のこしあんのほかに、季節限定の味や期間限定のアレンジ商品も。

実食Check ☑ **青柳総本家**

ひとくち

5個入 カエルver.
497円

伝統のういろうの5種セット

青柳総本家の看板商品「青柳ういろう」は、名古屋の名物みやげの一つ。青柳ういろうを一口サイズにして、「しろ・くろ・抹茶・上がり・さくら」の5種の味をセットにした。おみやげには、愛らしいカエルパッケージがオススメ。

販売 グランドキヨスク名古屋・ギフトキヨスク名古屋(駅構内コンコース)、青柳総本家 エスカ直営店(駅直結「エスカ地下街」)ほか

豊橋駅
（とよはし）

LONG SELLER
ロングセラー

藤田屋
実食Check □

大あんまき

あずき **210**円 ほか各種

ボリューム満点の伝統菓子

しっとりした生地であんを巻いた愛知県知立市の銘菓。北海道十勝産の小豆を使った手作りあんが入った「あずき」をはじめ、「白あん」「チーズ」「抹茶」などの種類がある。長さは10cmを超え、ボリュームたっぷり。作り置きをせず、「当日製造・当日出荷」にこだわっている。

販売 藤田屋 豊橋駅店（在来線改札内）

実食Check □ 若松園

ゆたかおこし

1棹 **864**円

昭和天皇に献上された豊橋の銘菓

江戸時代末期に創業した地元の和菓子店が手掛ける豊橋の銘菓で、1928（昭和3）年、昭和天皇即位に際して豊橋市から献上されたこともある。餅米などで作るおこしに抹茶あんをサンドした、シンプルな味わいが特徴で、表面には千鳥を焼き印している。

販売 ベルマートキヨスク（新幹線改札内、在来線改札内）、若松園 カルミア豊橋店（豊橋駅ビル「カルミア」2階ギフトマーケット）

実食Check ☑ ボンとらや

ピレーネ

バニラ **220**円

豊橋市民が愛するソウルスイーツ

1951（昭和26）年創業の豊橋の菓子店の大人気スイーツ。4種類をブレンドさせた甘さ控えめの特製生クリームを、パティシエの手作業によってフワフワのスポンジ生地で包む。作業台に並ぶ様子がフランスのピレネー山脈を思わせることから命名された。要冷蔵。

販売 ボンとらや カルミア店（豊橋駅ビル「カルミア」2階ギフトマーケット）

実食Check ☑ 若松園

黄色いゼリー

1個 **378**円

井上靖が愛した逸品

最高級の日向夏の果汁を使った、甘酸っぱくて爽やかな味のゼリー。文豪・井上靖氏が小説『しろばんば』で「口ではいい表せない程おいしい黄色いゼリー」と綴った。

販売 若松園 カルミア豊橋店（豊橋駅ビル「カルミア」2階ギフトマーケット）

ロングセラー

清流・長良川を泳ぐアユをイメージ

玉井屋本舗 実食Check

登り鮎
化粧箱7個入 **1,296円**

1908（明治41）年創業の老舗和菓子店が手掛ける岐阜の銘菓。上質なカステラ生地で餅（求肥）を包み、長良川の清流を泳ぐアユを形どって焼きあげた。パッケージ（化粧箱）には、「登り鮎」を模したしおりが挟まれている。

販売 ベルマートキヨスク岐阜（駅構内）※一時取扱休止の場合あり

季節限定

実食Check 養老軒

ふるーつ大福 1個 **357円**

旬のフルーツを厳選した大人気スイーツ

ふわふわ食感の餅生地の中に、大ぶりのフルーツ（イチゴ、バナナ、栗）と粒あん、ホイップクリームを入れた大福。11月〜6月初旬の期間限定販売で、期間外も時期によってその時のイチバンおいしいフルーツを使った大福を販売。

販売 養老軒 アスティ岐阜店（駅ビル「アスティ岐阜」1階）

実食Check マール

ほおばるクッキー
マーブルチョコレート **324円** ほか各種

素材にこだわったプレミアムクッキー

直径9cmの大きなソフトクッキー。バターの代わりに愛知県産のマルホン太白胡麻油（無味無臭のごま油）を使用するなど、愛知・岐阜の素材をメインにして作る。一番人気の「マーブルチョコレート」をはじめ、常時10種類以上を取り揃える。色鮮やかなパッケージが目を引く。

販売 ベルマートキヨスク岐阜（駅構内）

ロングセラー LONG SELLER

赤福

赤福餅 12個入 1,300円

実食Check ☐

伊勢神宮の参拝者を もてなした伝統の味

言わずと知れた伊勢名物の赤福餅。伊勢神宮のそばを流れる五十鈴川のせせらぎをイメージし、あんにつけた三つの筋は清流、白い餅は川底の小石を表す。1707（宝永4）年の誕生以来、伊勢神宮の参拝者がその味に舌鼓を打った。

販売 ギフトキヨスク伊勢市 （JR改札口脇）

「赤福」の名前の由来は「赤心慶福」

「赤福」の名称は、伊勢神宮の参拝者の心を表す「赤心慶福（せきしんけいふく）」の2文字からとったもの。「赤子のような、いつわりのないまごころを持って自分や他人の幸せを喜ぶ」という意味があり、まごころを尽くしたサービスを提供するという思いが込められている。

ロングセラー LONG SELLER

実食Check ☐ **へんばや商店**

へんば餅 （個包装）

5個入 550円〜

焼き目をつけた 昔ながらの餅菓子

1775（安永4）年創業の老舗餅店の看板商品。丸くて平たい餅の表面に香ばしい焼き目をつけ、中には北海道産の小豆を使ったこしあんが入る。「へんば」は、伊勢神宮参拝の道中にあった「返馬所」に由来。動物の立ち入りができない神域に差し掛かる馬を返した場所にあたり、その近辺で売られていたという。

販売 へんばや商店 伊勢市駅前店

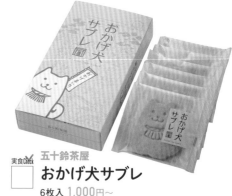

実食Check ☐ **五十鈴茶屋**

おかげ犬サブレ

6枚入 1,000円〜

わんこの表情がキュート

江戸時代、伊勢に行けない家族に代わって伊勢神宮を参拝した「おかげ犬」をモチーフにしたサブレ。三重県産小麦「あやひかり」をベースに、2種類の国産バターをブレンドし、犬の形に仕上げてキュートな表情を入れ、じっくり焼きあげて作る。バターのほのかな風味が漂う、やさしい味。

販売 ギフトキヨスク伊勢市 （JR改札口脇）

伊豆急行線
伊豆急下田駅
<small>いずきゅうしもだ</small>

実食Check ☑ 下田時計台フロント
下田
ミルクもち
1個 **187**円
4個入箱タイプ **775**円
6個入箱タイプ **1,195**円

下田の歴史に想いを馳せて
黒船来航の街、下田の人気みやげ。幕末、アメリカの外交官・ハリスが下田の地に降り立ったものの体調不良となり、治癒のためにミルクを求めた……という逸話にちなむ「ミルクもち」。モチモチした不思議な食感とミルクの香りが魅力で、生地の中に散りばめられている大納言小豆がアクセントに。

販売 下田時計台フロント（駅前）

JR東海道新幹線・東海道本線／伊豆箱根鉄道
三島駅
<small>みしま</small>

実食Check 富久家エマーユ
イタリアンロール　**1,880**円

アーモンドの香ばしさがたまらない
ご当地ロールケーキ
静岡県沼津市、伊豆の国市の名物。ふんわりと焼いたカステラ生地となめらかな口どけの生クリームのロールケーキを、香ばしいアーモンドを散りばめたシュー生地がくるむ。生クリーム、カステラ生地、シューの3層からなるその見た目が、イタリア産のサードオニキス（宝石）に似ていることで命名されたのだとか。要冷蔵で、保冷材入りのパック付き。

販売 ギフトキヨスク三島（駅構内）

伊豆急行線
伊豆高原駅
<small>いずこうげん</small>

ロングセラー

実食Check 伊豆柏屋
いでゆむし
極上栗蒸羊羹
大 **2本入** **3,240**円

天然の竹の皮で包まれた蒸し羊羹の逸品
伊東温泉に本店を構える和菓子店の蒸し羊羹。北海道産の良質な小豆を使い、甘露煮にした大粒の栗をあんの中に散りばめた。天然の竹皮で包み、温泉地ならではのたっぷりの湯気で蒸しあげることで、竹の香りが羊羹の旨みを一層引き立てる。こしあん、小倉入りの2種類。

販売 伊豆柏屋 伊豆高原店（駅直結「やまもプラザ」1階）

東海のご当地駅みやげ

実食Check なが餅笹井屋
なが餅 7本入 700円

四日市名物「なが餅」の元祖店の逸品

「なが餅」は、三重県四日市市の名物グルメ。戦国時代の1550（天文19）年、笹井屋の初代店主が市内の日永地区で作り始めたことから「なが餅」と呼ばれるようになった。餅の中につぶあんを入れ、薄く延ばして両面を香ばしく焼きあげて作る。素朴な味わいだからこそ、多くの人に愛されてきた。

販売 なが餅笹井屋 近鉄百貨店四日市店（駅ビル「近鉄百貨店 四日市店」2階）

LONG SELLER
ロングセラー

JR紀勢本線／近畿日本鉄道／伊勢鉄道
津駅
つ

実食Check 平治煎餅本店
平治煎餅

LONG SELLER
ロングセラー

16枚入 540円

平治の悲運を伝える焼菓子

1913（大正2）年創業の老舗店が手掛ける銘菓。「平治」の名は、文楽・歌舞伎の「勢州阿漕浦」に登場する漁師の平治にちなむ。病気の母のため、平治は禁漁であるにもかかわらず、津の阿漕海岸から漁に出るが、浜辺に忘れた笠が証拠となり海に沈められてしまう……この悲運のストーリーにちなんで、笠の形のせんべいが生まれた。

販売 ベルマートキヨスク 津店（JR駅構内）、ファミリーマート 近鉄津駅ホーム店・近鉄津駅改札内橋上店（近鉄駅構内）、津銘菓（駅直結「津チャム」1階）

実食Check ブランカ
シェル・レーヌ 1個 194円／5個入 972円

真珠養殖のアコヤ貝をイメージしたマドレーヌ

養殖真珠発祥の地、鳥羽で人気のマドレーヌ。地元の洋菓子店が製造し、真珠養殖に利用されるアコヤ貝を模したフォルムが愛らしい。北海道バターや三重県産の小麦粉「アヤヒカリ」を使用し、アコヤ貝由来の「パールシェルカルシウム」を加え、一つ一つ手作業で焼きあげる。

販売 珍海堂（駅直結「鳥羽一番街」1階）、ミネルヴァ食品館（駅直結「鳥羽一番街」2階）

明知鉄道明知線
山岡駅
（やまおか）

実食Check 山岡駅かんてんかん
恵那の宝石
琥珀糖 凍ての華（はな）
130ｇ 600円

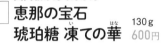

「山岡細寒天」で作る天然の宝石

岐阜県恵那市山岡町の特産品「山岡細寒天」は、海藻のテングサと水だけで作る天然の寒天。その山岡細寒天と砂糖を使い、フルーツソースなどで味付けした琥珀糖は、宝石のように美しく、SNS映えスイーツとして人気。外はシャリッ、中はぷるぷるの不思議な食感で、ほんのりとした甘みが堪能できる。

販売 山岡駅かんてんかん（駅構内）

JR中央本線
中津川駅
（なかつがわ）

季節限定

実食Check 川上屋
栗きんとん
1個 280円
6個入 1,879円

東濃エリアの秋の風物詩

栗を裏ごしして茶巾に絞り、栗の形を形どる「栗きんとん」は、岐阜県東濃エリアの古くからの名物。「川上屋」では、厳選された国産栗と少しの砂糖だけを原料とし、職人が培ってきた製法で生地を作り、一つずつ茶巾絞りにする。9月～12月27日の季節限定販売。

販売 川上屋 駅前店（駅前）

実食Check 松浦軒本店
からすみ
1本 420円

東濃地方で親しまれている郷土菓子

東濃地方の郷土菓子「からすみ」は、米粉に砂糖を入れて蒸しあげたもので、ひなまつりのお供えの定番にもなっている。「松浦軒本店」のからすみは、自社農園のコシヒカリを使った自慢の逸品。定番の黒糖や胡桃に加え、さくら、よもぎ、しそなどの味のラインナップを揃える。1月～4月上旬の限定販売。

販売 恵那市観光物産館 えなてらす（駅隣接）

季節限定

JR中央本線／明知鉄道
恵那駅
（えな）

ロングセラー

実食Check 松浦軒本店
カステーラ
1本（紙包み） 530円

江戸時代の製法を守る異色のカステラ

城下町・岩村に本店を構える、1796（寛政8）年創業の老舗店の名物となっている「カステーラ」。江戸時代、長崎から戻ってきた岩村藩の医師からカステラの製法が伝授され、今でもその製法で作られている。銅板造りの金型で職人が一つずつ焼くため、生地の全体に焦げ目がつく。パンのようなふんわり、もっちり食感も独特だ。

JR高山本線

高山駅
（たかやまえき）

実食CHECK 井之廣製菓舗

野草グラノーラ入り味噌煎餅

1枚入×5袋 670円

飛騨産の野草グラノーラをトッピング

飛騨地方の銘菓「味噌煎餅」に、大麦、ハトムギ、ドクダミ、桑など飛騨の山で採れた数種類の野菜を使って作られたグラノーラとチョコをトッピング。チョコはホワイトチョコとブラックチョコの2種類。風味豊かで食べごたえも◎。

販売 ベルマートキヨスク高山（駅構内）

実食CHECK まるでん池田屋

きなこげんこつ 45g 140円

飛騨地方で古くから愛されてきた駄菓子

「げんこつ」は飛騨地方の郷土菓子。きな粉と水飴などを練り合わせて作るきな粉飴のことで、ソフトな食感で食べやすく、きなこの香りと風味が口いっぱいに広がる。

販売 ベルマートキヨスク高山（駅構内）

実食CHECK 郡上八幡産業振興公社

郡上八幡天然水 水の雫

4個入 600円／6個入 900円／10個入 1,500円

名水で仕込んだ珠玉の水菓子

名水の町・郡上八幡のミネラル豊富な湧水で仕込んだゼリー。天然水ならではのみずみずしさを生かしながら、岐阜県産柚子果汁を使って上品なテイストに仕上げた。つるんとした食感で、夏だけでなく冬でもデザートとして味わいたい。冷やしてからいただくのがオススメ。

販売 郡上八幡駅舎カフェ（駅構内）

長良川鉄道越美南線

郡上八幡駅
（ぐじょうはちまんえき）

実食CHECK 森田商店

郡上 とちの実せんべい

540円

とちの実の香ばしさが魅力

穀物があまりとれない山村で古くから食材に使われてきた「とちの実」を、生地に練り込み、せんべいとして焼きあげた。とちの実の香ばしさとやさしい甘さが魅力で、ほどよく厚みがあり、たべごたえもある。

販売 郡上八幡駅舎カフェ（駅構内）

近畿

（京都府・奈良県・大阪府・兵庫県・滋賀県・和歌山県）

京都駅
奈良駅
新大阪駅
三ノ宮駅
新神戸駅
姫路駅
和歌山駅

米原駅
彦根駅
草津駅
宇治駅
十三駅
天王寺駅
串本駅
白浜駅

聖護院八ッ橋総本店

実食Check ☐

聖LUXE
_{ひじり リュクス}

6個入 **1,000円**

スペシャルなあん入りの
プレミアム生八ッ橋

大納言小豆を丁寧に炊いて作る上質なあんを入れた生八ッ橋。八ッ橋の名の由来となった江戸時代の音楽家・八橋検校を偲ぶ「八橋忌」の日にのみ炊いた特別なあんを使用、ニッキと抹茶、二つのモチモチの生地とともに味わおう。

販売 グランドキヨスク京都（新幹線改札内）、ギフトキヨスク京都中央（新幹線改札内）

※写真はイメージ

実食Check

nikiniki（ニキニキ）

☐

季節の生菓子

1個 **324円** ／ 1箱（4個入） **1,351円**

SNS映えで人気！
次世代の生八ッ橋

「聖護院八ッ橋総本店」がプロデュースする新ブランド「nikiniki」による、生八ッ橋でさまざまなモチーフを形どった注目商品。生八ッ橋のおいしさはそのままで、中にはこしあん、または白あんが入る。花やイベントなど、その時の季節によりデザインは変わる。

販売 nikiniki á la gare（ニキニキ ア・ラ・ギャール／新幹線八条口「京都おもてなし小路」）

京都銘菓「八ッ橋」は
箏をイメージしている!?

江戸時代の琴の名手で、近世箏曲の祖として知られる八橋検校。1685（貞享2）年に亡くなると、多くの門弟たちが絶え間なく墓参りに訪れた。そこで参道の茶店では箏の形に似せた干菓子を「八ッ橋」と名付けて売り出した。これが八ッ橋の起源とされ、今では焼いた八ッ橋のほか、生八ッ橋、あん入りの生八ッ橋なども作られるようになった。

実食Check ☐ **豆政**

夷川五色豆
_{えびす がわ}

箱入 200g **864円**

縁起物としても人気のカラフルな豆菓子

1887（明治20）年頃より製造されてきた豆菓子。宮中で幸福祈願の際に用いられた五彩色にちなんで、白、赤、黄、緑、黒（茶）の5色に彩られており、煎ったエンドウ豆を5度にわたる砂糖がけで大粒に仕上げる。京都ならではのパッケージの「京の町かど 夷川五色豆」（右下）もオススメ。

販売 豆政 JR京都伊勢丹店（駅ビル「京都伊勢丹」地下1階）、グランドキヨスク京都（新幹線改札内）、ギフトキヨスク京都（新幹線八条口改札前）、おみやげ街道 各店（駅構内）ほか

俵屋吉富
実食CHECK

京のおまんじゅう八重

1個 173円／5個入 972円〜

京都の老舗が手掛けるモチモチまんじゅう

1755（宝暦5）年から続く、京都の和菓子の名店が手掛けるまんじゅう。上品な甘味のこしあんを、モチモチした生地で包んで焼きあげ、気が付けばもう一つ食べたくなる一品。京手毬をイメージした美しい包装も必見。

販売 俵屋吉富 JR京都伊勢丹店（駅ビル「京都伊勢丹」地下1階）、グランドキヨスク京都（新幹線改札内）、ギフトキヨスク京都（新幹線八条口改札前）、おみやげ街道 各店（駅構内）ほか

鼓月
実食CHECK

姫千寿せんべい有機抹茶

12枚入 1,620円〜

宇治抹茶の雅やかな香り&味を堪能

1963（昭和38）年の発売以来、京都の銘菓として親しまれている「千寿せんべい」シリーズの人気商品。有機栽培による宇治抹茶を使った抹茶クリームをサンドし、食べやすい一口サイズに仕上げた。京都限定販売。

販売 鼓月 伊勢丹京都店（駅ビル「京都伊勢丹」地下1階）

ジュヴァンセル
実食CHECK

竹取物語 3,780円

竹皮に包まれた和のケーキ

竹皮に包まれたパウンドケーキ。竹の包みを外すと、ケーキの上にのった大粒の栗と黒豆が目を引く。いずれも国産で、形や大きさ、糖度などにこだわって厳選している。生地はしっとりして甘すぎず、かくし味のラム酒、柚子も絶妙だ。

販売 おみやげ街道 京店（駅直結「京都ポルタ」2階）、ギフトキヨスク京都（新幹線八条口改札前）、ギフトキヨスク京都中央（新幹線改札内）、京のみやげ（新幹線改札内）ほか

辻利
実食CHECK

京らんぐ

10枚入 1,501円〜

茶せんで泡立てたときの抹茶の風味を表現

1860（萬延元）年創業の宇治茶の老舗が手掛けるラングドシャ（クッキー）。茶せんで泡立てたときのふくよかな味わいを、"エアインチョコ"で表現した。クッキーには一番茶を贅沢に使い、茶の濃厚な風味が堪能できるように仕上げている。

販売 京都菓子小路 八条口店（新幹線八条口「みやこみち」）ほか

実食Check 吉野本葛 天極堂
ぷるるん 4個入 1,232円～

吉野本葛が彩る和のスイーツ

1870（明治3）年創業の葛の専門店がプロデュースする、吉野本葛を使ったカップデザート。寒天やゼラチンにはないぷるんとした葛の柔らかさと弾力が魅力的。「葛餅」「あずき」「黒蜜」「白桃」の4種類の味のセットで、葛の食感も種類ごとに微妙に変化させている。

販売 吉野本葛 天極堂 JR奈良駅店（駅直結「ビエラ奈良」2階）

実食Check 柿の専門
郷愁の柿 2Lサイズ 378円

奈良産の干し柿と栗あんのハーモニー

奈良県吉野地方の特産で、今や希少種となっている「法蓮坊柿」で作る干し柿を使用。ヘタを残した素朴な干し柿の中に、国産渋皮入りの栗あんをたっぷり詰め込む。栗あんの甘さと合わさることで、法蓮坊柿特有の渋みがアクセントとして味わいに深みを与える。

販売 柿の専門 JR奈良店（駅ビル「ビエラ奈良」2階）

実食Check 総本店柿寿賀
柿寿賀（かきすが） 1,500円～

干し柿の甘味と柚子の香りを楽しむ

干し柿を使った銘菓。高知県産の柚子の皮の甘露煮を芯とし、複数の干し柿を裂いてその周囲に配し、長さ15cm程度の棒状に固く巻きあげたもの。要冷蔵で、3～5mm程度でスライスしていただく。干し柿の自然な甘さと、鼻に抜ける柚子のさわやかな香りが楽しめる。

販売 奈良銘品館 JR奈良駅店（駅直結「ビエラ奈良」2階）

奈良祥樂
らほつ饅頭 1個 172円

大仏の「らほつ」をイメージした かりんとうまんじゅう

「らほつ」は、大仏の頭に見られる巻き毛のことで、知恵の象徴とされる。丸いらほつをイメージして作るこのまんじゅうは、沖縄黒糖を使った生地をこだわりの米油で香ばしく揚げ、かりんとうのようなカリッと軽い食感に仕上げた。定番の「こしあん」のほかに、「つぶあん」「大和抹茶」「栗かぼちゃ」などがある。

奈良祥樂
大和し美し
～奈良からの贈り物～

大仏の手くっきいプレーン
594円 ほか各種

古代ロマンあふれる天平文様のパッケージ

奈良の正倉院宝物に施される天平文様でデザインされた小箱のお菓子シリーズ。特産の「三輪そうめん」を生地に練り込んだ「大仏の手くっきい」など、あられやナッツを中心に20種類以上のラインナップがある。

販売 KOHYO JR奈良店（駅直結「ビエラ奈良」1階）、奈良のうまいものプラザ（駅直結「ビエラ奈良」1階）ほか

御菓子司春日庵
さつま焼 1個 155円

サツマイモをイメージした素朴なフォルム

1897（明治30）年創業の老舗店が手掛ける、サツマイモを形どった焼菓子。厳選した北海道産の小豆を使ったあっさり風味の自家製こしあんを、小麦粉と卵で作る皮で包み、串に刺して直火にかけ、1個ずつこんがりと香ばしく焼きあげる。手焼きなので、一つずつ形が違うのが味わい深い。

販売 奈良銘品館 JR奈良駅店（駅直結「ビエラ奈良」2階）

鹿野
鹿の角 バームクーヘン

1個 **1,458円**

奈良公園で親しまれている シカをモチーフに

奈良公園の人気者、シカのツノをイメージして焼きあげたバームクーヘン。奈良県産の新鮮な生みたて卵や純粋はちみつをたっぷり使用し、専用オーブンで職人が1本ずつ手焼きして独特の形状に仕上げる。シカを描いたパッケージがかわいい。

販売 鹿野（駅から徒歩すぐ）

新大阪駅（しんおおさか）

JR東海道・山陽新幹線・京都線・おおさか東線ほか

実食Check　むか新
こがしバターケーキ
5個入（専用袋）750円

純度115%の特製「こがしバター」が味の決め手！

大阪・泉佐野で1892（明治25）年に創業した菓子店の看板商品。銅釜でじっくり熱しながら純度115%にまで凝縮した特製の「こがしバター」を使い、伝統の練り製法で丁寧に作る。ほんのり甘く、隠し味の種子島産ブラウンシュガーがさらにコクと風味を深める。

販売　アントレマルシェ新大阪（在来線改札内「エキマルシェ新大阪」）、グランドキヨスク新大阪（新幹線改札内）、おみやげ街道アルデ新大阪店（駅ビル「アルデ新大阪」2階）ほか

青木松風庵
月化粧　6個入 930円
伊右衛門月化粧　6個入 1,050円
実食Check

自家製の白あんが自慢の"みるくまんじゅう"

満月のようなまん丸のまんじゅう。北海道産の2種類のいんげん豆をオリジナルブレンドした白あんに、みるくの風味豊かな練乳とバターを入れ、しっとり生地に包んで焼きあげた。ほどよい甘さとミルク風味がたまらない。人気緑茶飲料「伊右衛門」の抹茶を使った「伊右衛門月化粧」もオススメ。

販売　アントレマルシェ新大阪（在来線改札内「エキマルシェ新大阪」）、セブン・イレブン ハートイン JR新大阪駅南口（南口改札正面）ほか

実食Check　OSAKA Applico
大阪アップリコ　5個入 745円

果肉感のあるリンゴジャムを使ったアップルパイ

職人による手作り成型にこだわったしっとり・サクサクのアップルパイ。果肉をサイコロ形にカットした食感のあるリンゴジャムとスポンジクラムを、パイ生地に包み込んで焼きあげた後、あんずジャムを表面に塗り仕上げた。パッケージの華やかなデザインも目を引く。

販売　アントレマルシェ新大阪（在来線改札内「エキマルシェ新大阪」）、アントレマルシェ新大阪中央口店（中央口改札付近）、おみやげ街道アルデ新大阪店（駅ビル「アルデ新大阪」2階）ほか

実食Check　茜丸本舗
五色どらやき　5個入（化粧箱）874円

"五色"の豆をミックス

あんこ屋がプロデュースする絶品どら焼き。胚芽と皮を丁寧に取り除いて炊きあげた自慢のむきあんと、金時豆やうぐいす豆、小豆など"五色"の甘納豆をミックスし、ふっくらと焼きあげた生地でサンド。あんの上品な甘みと、5種類の豆のアクセントがクセになる。

販売　アントレマルシェ新大阪（在来線改札内「エキマルシェ新大阪」）、アントレマルシェ新大阪中央口店（中央口改札付近）

実食口コミ あみだ池大黒
大阪花ラング 3個 583円

こだわりのはちみつを練り込んだ
キュートなスイーツ

大阪産のはちみつと発酵バターを練り込んだサクサク食感のラングドシャ（クッキー）に、ふわふわのクリームとドライベリーをトッピング。受け取った人に笑顔の花が咲きますようにという想いを込めて、キュートな花の形に仕上げている。

販売 アントレマルシェ 新大阪中央口店（中央口改札付近）、グランドキヨスク新大阪（新幹線改札内）、ギフトキヨスク新大阪（新幹線改札内）

実食口コミ あみだ池大黒
大阪もちまろ菓 6個 930円

和三盆糖の風味ともちもち食感を堪能したい
ミルクまんじゅう

「おこし」で有名な老舗菓子店、あみだ池大黒が手掛けるまんじゅう。国産砂糖の最高峰とされる「さぬき和三盆糖」を使ったミルクあんを、国産餅米を練り込んだ独特のもちもち食感の生地で包む。口に含んだ時にフワッと広がる和三盆糖の風味を堪能したい。

実食口コミ 蜜香屋SUNAJI
タルト金時 1個 430円

サツマイモの
多様な魅力を堪能しよう

焼きいも屋の「蜜香屋」が考案した本格スイーツ。タルト生地から甘煮に至る4層すべてにサツマイモを使用し、中の芋あんは大人の風味が漂う。特製の蜜を使った金時芋の甘煮が主役。サクサク、ほくほくが織り成すハーモニーをご堪能あれ。秋〜春の限定販売。

販売 蜜香屋 SUNAJI（在来線改札内「エキマルシェ新大阪」）

ミルフィーユ
天使の
ふわふわほっぺ

実食口コミ

5個入 756円

ふわふわ生地がクリームを
やさしく包み込む

天使のほっぺをイメージしたふわふわ生地に、新鮮で口どけなめらかなカスタードクリームをたっぷりサンド。強く持つとつぶれてしまいそうな、驚くほどのやわらかな生地は、甘さ控えめのクリームとの相性抜群。要冷凍。

販売 アントレマルシェ新大阪（在来線改札内「エキマルシェ新大阪」）

実食口コミ りくろーおじさんの店
焼きたて
チーズケーキ

965円

芳醇なクリームチーズを
使った大阪の定番みやげ

大阪みやげの定番となっているチーズケーキ。高い品質基準を定めるデンマークの伝統ある工場から直輸入したクリームチーズを使用。ケーキの底には、自家製シロップで漬け込んだレーズンが散りばめられ、ケーキの味を引き立てる。

販売 りくろーおじさんの店 JR新大阪駅中央口店（中央口改札前）、同エキマルシェ新大阪店（在来線改札内「エキマルシェ新大阪」）、同新幹線改札内店

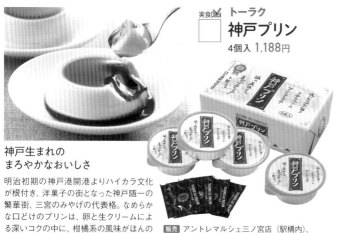

実食Check
トーラク
神戸プリン
4個入 1,188円

神戸生まれの まろやかなおいしさ

明治初期の神戸港開港よりハイカラ文化が根付き、洋菓子の街となった神戸随一の繁華街、三宮のみやげの代表格。なめらかな口どけのプリンは、卵と生クリームによる深いコクの中に、柑橘系の風味がほんのり絡む。光や空気を通しにくい専用容器なので、常温保管でOK。

販売 アントレマルシェ三ノ宮店（駅構内）、大黒屋 さんちか店（駅直結「さんちか」7番街 スイーツメイト）ほか

実食Check
神戸モリーママ
ラスク ～波の魔法箱～〈プレーン〉
20枚入 972円

神戸の天然水を使った カリサク食感のラスク

「1日1万枚売れるラスク」のキャッチコピーでおなじみ。北米産の最上級小麦、神戸の天然水、赤穂の塩を使い、軽すぎない絶妙なカリサク食感にこだわって作る。パッケージデザインは、神戸の海に浮かぶ帆船をイメージ。

販売 アントレマルシェ三ノ宮店（駅構内）

実食Check
ゴンチャロフ
神戸ビュースポット
（チョコレート）64g（12個入）702円

神戸の観光スポットを描いたパッケージが人気

神戸発祥の高級チョコレートの老舗、ゴンチャロフの神戸地域限定品。スイートチョコレートとミルクチョコレートの詰合せで、神戸の観光スポットをポップに描いたパッケージデザインが秀逸だ。

販売 ゴンチャロフ さんちか店（駅直結「さんちか」7番街 スイーツメイト）、アントレマルシェ三ノ宮店（駅構内）

実食Check
モンロワール
神戸プチ フィナンシェ
12個入 756円

三つの風味を手軽に楽しむ

神戸・岡本発祥の高級チョコレートブランド、モンロワールが手掛ける一口サイズのフィナンシェ（フランス起源の焼菓子）。焦がしバター風味が楽しめる「プレーン」、洋酒をほんのりと利かせた「チョコレート」、京都産の抹茶を使った「抹茶」の3風味入り。

販売 モンロワール 三宮店（西口駅前「さんセンタープラザ」1階）

新神戸駅
しんこうべ

実食Check 観音屋
デンマークチーズケーキ　1個 400円

アツアツ＆とろ〜りを味わう新食感のスイーツ

デンマーク産の生チーズをオリジナルブレンドした手作りチーズケーキ。オーブントースターで温めて、アツアツの状態でいただくのが特徴で、くせのないトロトロチーズがスポンジケーキと合わさると、その独特の食感がやみつきになる。

販売 観音屋 JR新神戸駅アントレマルシェ店（駅構内「アントレマルシェ」）

実食Check 神戸フランツ
神戸苺トリュフ　1,080円

「チョコ×イチゴ」の至福の味

甘酸っぱいイチゴをフリーズドライにして、ミルク風味のホワイトチョコレートでコーティング。イチゴのほんのりした酸味と、口どけにこだわったチョコの比率が絶妙で、サクサク食感とほどよい甘みがたまらない。

販売 神戸フランツ 新神戸店（駅構内「アントレマルシェ」）

実食Check コンディトライ神戸
神戸白いチーズロール
1個 1,836円

チーズクリームの風味豊かな純白スイーツ

2種類のチーズに生クリームを加えて仕上げたレアチーズクリーム入りの、まっ白なロールケーキ。チーズクリームの風味を引き出すため、スポンジ生地は卵黄を使わない独自製法で作り、ふわふわしっとりの食感を両立させた。

販売 コンディトライ神戸 新神戸店（駅構内）

実食Check □

五層もなか本舗
五層もなか
5個入 1,058円〜

天下の名城・姫路城をイメージ

世界文化遺産に認定されている姫路城天守を形どったものなか。北海道産小豆で作る自家製のあんにこだわり、佐賀県産の餅米で作るもなかが香ばしく、あんの中の刻み栗がアクセントになる。カップにもなかを入れて熱湯を注げば、ぜんざいに早変わり！

販売 五層もなか本舗 ピオレ姫路店（駅隣接「ピオレ姫路」おみやげ館）

実食Check ✓ □

伊勢屋本店
玉椿　5個入 788円

椿の花をイメージした姫路の銘菓

江戸時代の元禄年間（1688〜1704年）創業の老舗、伊勢屋本店が手掛ける銘菓。11代将軍・徳川家斉の娘と姫路城主・酒井忠学の婚礼の頃に誕生した。希少品種の白小豆で作った黄身あんを、しっとりした薄紅色の求肥で包み、椿の花に見立てている。玉椿には長寿や子宝を願う意味があり、縁起物として考案されたものと見られる。

実食Check ✓ □

伊勢屋本店
官兵衛兵糧餅　5個入 864円

かん べ え ひょう ろう もち

軍師官兵衛の名を冠したごま入りクルミ餅

香ばしい黒ごまと風味あふれるクルミが練り込まれた餅菓子。ゆべし粉を使い、弾力がありながらも歯切れのよい食感に仕上げている。姫路生まれの稀代の天才軍師、黒田官兵衛にあやかって命名された。

販売 伊勢屋本店 ピオレ姫路おみやげ館店（駅隣接「ピオレ姫路」おみやげ館）、アントレマルシェ姫路店（改札内）、伊勢屋本店 グランフェスタ店（駅直結「姫路フェスタ」2番街）

LONG SELLER
ロングセラー

ロングセラー
LONG SELLER

和歌山駅（わかやま）

JRきのくに線・阪和線・和歌山線／和歌山電鐵

実食Check □ **那智黒総本舗**（なちぐろ）

黒あめ那智黒 紙箱（個別包装）200g 650円

昔ながらの製法で作る和歌山の黒あめ

熊野地方の名産、碁石に使われる那智黒石を形どった銘菓。奄美群島の一つ、徳之島でとれた良質の黒砂糖を使い、直火による昔ながらの製法で練りあげ、独特の風味を残しつつやさしい甘さに仕上げている。熊野エリアの観光名所をプリントした包装も◎。

販売 おみやげ街道 JR 和歌山駅中央口店（駅構内）

実食Check ☑ **紀州ほそ川**

梅札（うめふだ） 1袋 160円

紀州梅を使った和のスイーツ

紀州の老舗梅干屋が手掛ける、ガムでもなく、グミでもなく、キャンディでもない、噛んで溶けていく新食感のお菓子。シート状なので食べやすく、紀州梅の甘酸っぱさとすっきりした後味が口の中に広がる。梅の栄養を手軽に摂取できるのがうれしい。

販売 黒潮市場（駅ビル「和歌山ミオ」本館 1 階）ほか

梅義（うめよし） 実食Check □

有田産みかんゼリー（ありだ）

5個入 1,250円

本物の有田みかんを使ったプレミアムゼリー

全国的な知名度を誇る良質な有田みかん、そのストレート果汁を使った最初のゼリー。みかんのみずみずしい果肉も入っており、とろけるような食感を楽しめる。独自製法により、バランスのとれたみかん本来の甘さと酸味を引き出している。

販売 おみやげ街道 JR 和歌山駅中央口店（駅構内）、セブン-イレブン ハートイン JR 和歌山駅中央口店（駅構内）

JR東海道新幹線・東海道本線・琵琶湖線 ほか
米原駅
米原（まいばら）駅

ロングセラー ★★★

実食Check

滋賀 宝（しがたから）
琵琶湖のえび煎餅
16枚入 **702円**

滋賀のこだわり食材を凝縮したサクサクのせんべい

滋賀県産の近江米の生地に、地元で古くから親しまれている琵琶湖産のスジエビを練り込み、香ばしく焼きあげたせんべい。濃厚なエビの風味を生かすため、パリッとした歯ごたえに仕上げた。パッケージには、琵琶湖の名所「浮御堂」など滋賀県らしさあふれるデザインを採用。

販売 ベルマートキヨスク米原（駅構内）

JR琵琶湖線・草津線
草津駅
草津（くさつ）駅

実食Check

うばがもちや
うばがもち 6粒入 350円〜

草津産のこだわりの餅米を使用

東海道と中山道の分岐点として賑わった、かつての草津宿の名物。ベースとなる餅米は、極力農薬を使用しない農法で育てた地元・草津産の「滋賀羽二重糯（はぶたえもち）」を使用。あんは、北海道産小豆を使い、職人が時間をかけてなめらかなこしあんに炊きあげた。白あんと山芋の練り切りをのせれば、「うばがもち」の完成。

販売 うばがもちや JR草津駅コンコース店（駅構内）、うばがもちや 草津駅前店（東口直結「Lty932」2階）

ロングセラー ★★★

JR東海道本線／近江鉄道
彦根駅
彦根（ひこね）駅

ミルクパイ MILK PIE

実食Check

ヴィラジュ ニシムラ
ひこにゃんミルクパイ 12枚入 850円

地元のパイ専門店がプロデュース

滋賀県彦根市の人気キャラクター「ひこにゃん」のパッケージが目を引く商品。中身のパイは、地元のパイ工房が手がけたオリジナル。滋賀県産の牛乳を使用しており、濃厚なミルク風味とサクサクのパイ生地がマッチする。2012（平成24）年6月の発売開始以来、15万箱以上を売り上げた。

販売 セブン-イレブン ハートインJR彦根駅北口店（西口駅前）

JR奈良線

宇治駅
うじ

実食Check 伊藤久右衛門
宇治抹茶だいふく
6個入 **1,389**円

濃厚な抹茶あんをやわらかく包み込む

挽きたての宇治抹茶を贅沢に使った「抹茶あん」を、やわらかく包み込んだ大福。抹茶あんに四国の和三盆とクリームをブレンドすることで、濃厚でありながらすっきりした味わいに仕上げており、口に入れると旨みがじゅわ〜っと広がる。渋めに淹れた煎茶などと一緒に味わいたい。要冷蔵。

販売 伊藤久右衛門 JR宇治駅前店（南口駅前）

JR大阪環状線・阪和線・大和路線 ほか

天王寺駅
てんのうじ

実食Check 千鳥屋宗家
みたらし小餅 12個入 **670**円
みたらし小餅パイ 1個 **280**円

みたらしだれを内部に包み込んだ 大阪の名物だんご

1630（寛永7）年創業の和菓子の老舗「千鳥屋宗家」の名物「みたらし小餅」は、手を汚さずにみたらしだんごが食べられるよう、餅で甘辛のたれを包んだのがルーツ。国内産の上質な米を使用した餅はふんわり食感で、みたらしだれと絶妙に絡み合う。みたらし小餅と甘さ控えめ小豆あんを、サクサクのパイ生地で包んだ「みたらし小餅パイ」もオススメ。

販売 みたらし小餅の専門店「みたらし小餅茶屋」（駅直結「天王寺ミオ」1階）

阪急神戸本線・宝塚本線・京都本線

十三駅
じゅうそう

実食Check MIYABI'Sバウムクーヘン
宇治抹茶のカットバウム
宇治ほうじ茶のカットバウム
和紅茶のミルクティーバウム
各 **280**円

彩り豊かな"和ばうむ"をラインナップ

大阪府泉佐野市発祥のバウムクーヘン専門店が、十三駅のホームに出店。北海道産牛乳と厳選された新鮮な卵を使い、特注のオーブンで1本ずつ手間暇かけて焼きあげ、ふわふわしっとり食感に仕上げる。スタンダードなプレーンも魅力的だが、京都産の高級茶葉を使った「宇治抹茶のカットバウム」をはじめとした"和ばうむ"がオススメだ。

販売 MIYABI'S バウムクーヘン 阪急十三店（駅構内）

実食Check 菓子潮ざき
串本銘菓 立岩巻
たて いわ まき
1個 160円

奇岩の景勝地を模したユニーク銘菓

本州最南端の串本には、海中から大小40ほどの岩柱がそそり立つ「橋杭岩」という景勝地がある。その奇岩の威容を形どり、三角形のシルエットが美しい。生地は、新鮮な鶏卵と国産小麦粉でふっくらと手焼きしており、自慢の自家製こしあんを包み込む。こしあんのほかに、カスタードクリームもある。

販売 菓子潮ざき（駅前）

実食Check 福菱
アイスかげろう
1袋（2本入）250円

白浜の夏のビーチで味わいたい

ふわふわ食感の生地をそのままに、「かげろう」をアイスにした新食感のスイーツ。少し置いてから食べると、中のクリームがほどよくやわらかくなり、まろやかでおいしい。要冷凍。

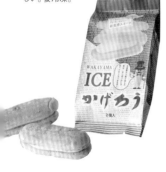

実食Check 福菱
かげろう
10個入 1,200円

**儚く揺れる陽炎を
思わせる食感**

バタークリームをオリジナルの生地でサンドした紀州の代表銘菓。表面はサクッと、中はふわっと軽い食感に焼きあげ、口の中に入れると、まろやかな甘さのクリームと一緒にほろほろととけていく。その食感が「浜辺に漂う陽炎のように儚い」ことから、この名が付けられた。どこか懐かしく、シンプルだが老若男女が親しめる味わいだ。

実食Check 福菱
柚もなか 12個入 650円
ゆず

さわやかな柚の香りを堪能

1933（昭和8）年の「福菱」の創業時より販売されている銘菓。職人が丹精込めて焼きあげた香ばしいもなかの中には、和歌山産の柚を練り込んだ自家製の柚あんが入っている。一口食べると、あんのほどよい甘さとともに、上品な柚の香りを楽しめる。

販売 おみやげ街道 白浜駅改札口店（駅構内）

駅みやげ図鑑

第 7 章

中国

（岡山県・広島県・鳥取県・島根県・山口県）

実食CHECK ☐
廣榮堂
こうえいどう
むかし吉備団子
きびだんご
15個入（木箱）1,728円～

昔ながらの技法で作るプレミアムきびだんご

1856（安政3）年より続く岡山名物「きびだんご」の、元祖の流れを汲む老舗が手掛ける最高級の「きびだんご」。岡山の契約農家が特別栽培した希少な餅米を使い、これを一晩浸して石臼で挽き、一つずつ調製する。秋田杉の木箱を使ったパッケージが高級感を演出する。

販売 廣榮堂 さんすて岡山店（駅直結「さんすて岡山」南館2階）

実食CHECK ☑
廣榮堂武田
こうえいどうたけだ
きびだんご三種包み 1,500円

定番の3種のきびだんごを食べ比べ

1856（安政3）年創業の元祖の流れを汲む老舗の、きびだんごの定番3種セット。素材の旨みが感じられる「プレーン」、風味豊かな「きなこ」、蒜山高原のジャージー牛乳を使った「みるく」の3種を、色鮮やかな風呂敷で包んだ。包装に描かれた桃太郎のイラストが愛らしい。

販売 廣榮堂武田 さんすて岡山店（駅直結「さんすて岡山」南館2階）

実食CHECK ☐
中山昇陽堂
きびだんご
8個入 540円
岡山駅限定の
「イケメンきびだんご」

きび粉100％使用の、昔ながらの製法による甘さ控えめのきびだんご。パッケージは岡山駅限定のもので、大人になった桃太郎と鬼がスタイリッシュに描かれ、「イケメンきびだんご」の通称で親しまれている。

販売 中山昇陽堂 さんすて店（駅直結「さんすて岡山」南館2階）

実食Check **大手饅頭伊部屋（いんべや）**
大手まんぢゅう
10個入 972円

驚きの極薄の生地で包んだまんじゅう

1837（天保8）年創業の老舗が手掛け、岡山藩主も愛したという銘菓。北海道産小豆を白双糖（ザラメ）で練りあげたこしあんを、自家製甘酒を加えた生地で包み込む。中のあんが透けて見えるほど生地は薄く、生地の豊潤な香りがあんの旨みを引き立てる。

販売 おみやげ街道 さんすて岡山（駅直結「さんすて岡山」南館2階）

LONG SELLER
ロングセラー

実食Check **古見屋羊羹（こみや）**
高瀬舟羊羹
15個入 1,000円

河川を行き交う 高瀬舟をイメージ

1764（明和元）年創業の老舗店が作る一口サイズの羊羹。風味豊かな北海道産えりも小豆を店主が厳選し、江戸時代から昭和初期にかけて岡山県内の舟運を担った高瀬舟をイメージした造形になっている。製造から約3週間後、表面が薄く糖化してきたら食べ頃。

販売 おみやげ街道さんすて岡山（駅直結「さんすて岡山」南館2階）ほか

実食Check **竹久夢二本舗敷島堂（たけひさゆめじ しきしまどう）**
夢二といちご夢二 2個入 324円〜

夢二の大正ロマンの世界を表現

大正ロマンを代表する画家・詩人、竹久夢二の生家近くに本店を構える菓子店の人気商品。ミルクを加えた生地と白あんのハーモニーが楽しめる「夢二」、岡山県産いちごのコンフィチュールを使用した「いちご夢二」の2種の詰合せで、岡山出身の工業デザイナー、水戸岡鋭治氏がデザインした大正ロマン風のパッケージも華やか。

実食Check **竹久夢二本舗敷島堂**
岡山清水白桃ジュレ（おかやま しみず はくとう） 1本 378円

"桃の女王"を堪能する「飲むジュレ」

岡山県の特産品で、芳醇な香りとやわらかな果肉から"桃の女王"と称される清水白桃を、ゼリーよりもやわらかく「飲むジュレ」としてストローで飲めるようにした逸品。白桃の甘味と、とろっとした食感が口の中に広がる。

販売 竹久夢二本舗敷島堂 さんすて岡山店（駅直結「さんすて岡山」南館2階）

実食Check にしき堂
生もみじ
1個 150円／6個入 980円～

新感覚の生菓子風「もみじ饅頭」

広島の代表銘菓「もみじ饅頭」の人気商品。生地に米粉を使用し、約10年の開発期間を経て、通常のもみじ饅頭にはないモチモチしっとり食感を実現した。広島県産の米粉や北海道産小豆など、素材にもこだわっている。

実食Check にしき堂
おとなのもみじ 抹茶とあん餅
1個 150円／6個入 1,000円～

宇治抹茶フレーバーが絶妙に絡む

宇治抹茶を練り込んだ生地で、北海道産の小豆と氷砂糖で作るあん餅を包み込んだ逸品。つきたての餅のようなトロトロあんに抹茶のフレーバーが絡み、ほどよい甘さの大人の味を実現した。

販売 にしき堂 広島駅エキエ１号店・２号店（駅直結「エキエ広島駅」２階）、にしき堂 広島駅銘品館店（新幹線改札内）ほか

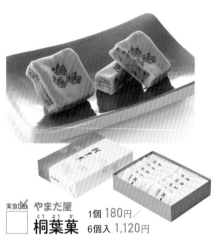

実食Check やまだ屋
桐葉菓（とうようか）
1個 180円／6個入 1,120円

「もみじ饅頭」と並ぶ広島の銘菓の代表格

こしあんと粒あんをブレンドした小豆あんを、もち粉100%のモチモチした生地で包んだ銘菓。茶道の上田宗箇流の家元から相談を受けたことで誕生し、お茶受け菓子として人気。上田宗家の家紋である桐の焼印がついている。

販売 やまだ屋 広島駅ekie 店（駅直結「エキエ広島駅」２階）、やまだ屋 ひろしま銘品館店（新幹線改札内）ほか

🎁 中国

ロングセラー
LONG SELLER

実食Check 亀屋

☐ **川通り餅** 15個入 850円

「もみじ饅頭」と並ぶ 広島の銘菓の代表格

上質な求肥にクルミを加え、きな粉をまぶした銘菓で、テレビCMを通じて広島県民にとってはおなじみ。毛利氏の祖先である毛利師親が、戦勝祝いとして餅を小石に見立てて食べる風習を始めたのが起源とされる。

販売 亀屋 広島駅 ekie 広島店（駅直結「エキエ広島駅」2階）、福屋 広島駅前店（南口直結）、駅構内各売店

実食Check 福々庵

☐ **さんひめ はちみつ 廣島バターケーキ**

3種 1,836円

宮島産の希少なはちみつを使用

世界遺産・宮島に残る弥山原始林でとれた希少な「さんひめはちみつ」をたっぷり使用。生地はしっとり焼きあげ、はちみつシロップをふんだんに染み込ませ、豊かな甘みと香りに仕上げた。「宮島はちみつ×瀬戸内レモン」「宮島はちみつプレーン」「宮島はちみつ×世羅抹茶」があり、3種のセットがオススメ。

販売 おみやげ街道（駅直結「エキエ広島駅」2階）

実食Check 金萬堂本舗

☐ **カープショコラサンドクッキー 打って鯉や！** 750円

広島カープファンにオススメ

プロ野球・広島東洋カープのマスコットキャラクター、カープ坊やをプリントしたクッキー。Vサイン、すべり込み、ピッチングの3種のデザインがあり、プリント部分を型抜きしながら食べよう。パッケージもインパクト抜群。

販売 おみやげ街道（駅直結「エキエ広島駅」2階）

実食Check バッケンモーツアルト

☐ **からす麦の焼きたてクッキー**

アーモンド1缶 1,404円

挽きたてアーモンド入りの香ばしいクッキー

広島で愛される洋菓子店の定番商品。栄養価が高いからす麦（オーツ麦）をベースに、自社挽きたてのアーモンドや和三盆などを使ったクッキーで、アーモンドの香ばしさとサクサクの食感がたまらない。焼きたての状態を密閉缶でお手元に。

販売 バッケンモーツアルト ekie 店（駅直結「エキエ広島駅」2階）、バッケンモーツアルト 銘品館店（新幹線改札内）ほか

実食Check 蜜屋

☐ **広島まんまるチーズ**

4個入 756円

チーズケーキのようなまんじゅう

広島県呉市の老舗和菓子屋が手掛ける、新感覚のまんじゅう。中には、3種のチーズと洋酒漬けのドライフルーツがたっぷり。これを宮島産ははちみつを使った香り豊かな生地で包み込み、甘さと酸味を閉じ込めた。広島の名所を描いたパッケージイラストも◎。

販売 蜜屋 ekie 広島店（駅直結「エキエ広島駅」2階）

鳥取(とっとり)駅

JR山陰本線・因美線／智頭急行／若桜鉄道

実食Check □ お菓子の壽城

白とち餅 8個入 1,200円／12個入 1,800円

香ばしい栃の実と小豆あんのハーモニー

山陰を代表する銘菓の一つで、栃の実を練り込んだ餅に、ほどよい甘さの小豆あんを合わせたもの。栃の実は灰汁が強いため、半月以上の細かな作業で処理し、食べられる状態にしている。手間暇かかるが、その香ばしい風味は独特で、あんと絶妙に調和する。

販売 お菓子の壽城 鳥取駅店（駅構内）

LONG SELLER ロングセラー

実食Check □ 山本おたふく堂

ふろしきまんじゅう 8個入 540円

風呂敷のような見た目にちなんで命名

1868（明治元）年創業の老舗和菓子店の名物となっている蒸しまんじゅう。地元では「ふろしきまんじゅう〜♪」のCMソングでおなじみ。保存料や着色料は使わず、和三盆糖や黒糖を使って創業以来の伝統の製法で作り、やさしい甘さに仕上げている。四隅を折った風呂敷のような見た目から「ふろしきまんじゅう」と命名された。

販売 おみやげ楽市 鳥取店（駅構内「シャミネ鳥取」）ほか

実食Check □ 亀甲や

二十世紀 8枚入 540円

「二十世紀梨」を思わせるSNS映えの銘菓

1868（慶応4）年創業の老舗和菓子店が手掛ける名物。鳥取特産の二十世紀梨を輪切りにしたような見た目が特徴のゼリー。水飴をベースにして寒天で固め、オブパラをまぶしてザラザラに仕上げ、素朴で懐かしい甘みが楽しめる。二十世紀梨の普及のため、1922（大正11）年に開発された。

販売 おみやげ楽市 鳥取店（駅構内「シャミネ鳥取」）

LONG SELLER ロングセラー

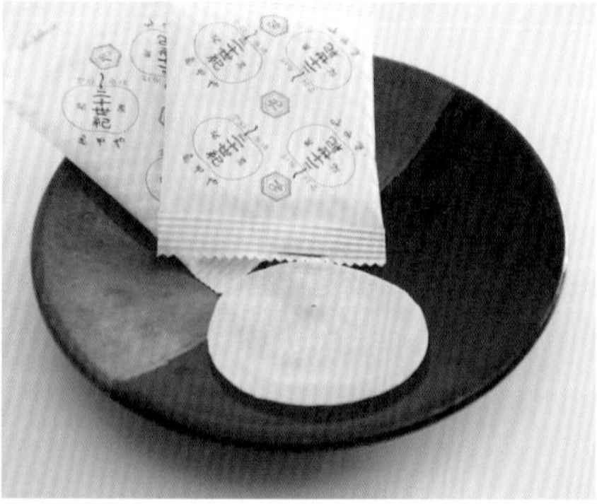

実食Check 寿製菓
因幡の白うさぎ
5個入 777円～

うさぎ形の愛らしいシルエットで人気
鳥取の神話「因幡の白兎」に登場する、白うさぎを形どった焼きまんじゅう。地元の「大山バター」を使った風味豊かな生地で、ほどよい甘みの黄身あんを包み込む。うさぎの赤目は、工場見学に来ていた小学生の「目があった方が可愛い」の一言をきっかけに入れるようになった。

販売 おみやげ楽市 鳥取店（駅構内「シャミネ鳥取」）

実食Check 宝製菓
松葉かに処
焼かにせんべい
14枚入 702円

日本海の海の幸をせんべいに
山陰の味覚として人気の「松葉がに」。その松葉がにを殻ごとすり潰し、生地に練り込んで焼きあげた本場ならではのせんべい。かにのうまみがぎゅっと凝縮され、濃厚な風味が広がる。

販売 おみやげ楽市 鳥取店（駅構内「シャミネ鳥取」）

実食Check 寿製菓
鳥取二十世紀梨ゼリー感動です
1個 648円

「二十世紀梨」を閉じ込めたフルーツゼリー
鳥取県の名産「二十世紀梨」の果肉と果汁を使ったさわやかゼリー。ぷるぷるした角切りの果肉感と、ジューシーな果汁感を味わうことができ、まさに感動の味。梨を模した容器は、食べ終わったら小物入れや鉢植えにも使える。

販売 おみやげ楽市 鳥取店（駅構内「シャミネ鳥取」）

実食Check 宝製菓
山陰の味 大風呂敷
2個入 432円

フルーティーな梨みつをかけていただく
鳥取県など山陰地方では、結婚などのめでたい出来事があると、家紋の入った大風呂敷で祝いの品を包んで贈る風習があり、その縁起にあやかって命名された銘菓。鳥取県産の餅米を使ったきな粉餅に、名産の「二十世紀梨」で作った特製の梨みつをかけていただく。フルーティーな梨みつが、きな粉餅の甘みを引き出してくれる。

販売 おみやげ楽市 鳥取店（駅構内「シャミネ鳥取」）、セブン-イレブン ハートイン JR鳥取駅店（駅構内）ほか

LONG SELLER ロングセラー

松江駅（まつえ）

JR山陰本線

実食CHECK □ 彩雲堂
若草
3個入
681円

鮮やかな緑が映える伝統の茶菓子

「不昧公」の名で知られる松江藩主・松平治郷（まつだいらはるさと）が考案した茶菓子をルーツとする銘菓。不昧公の没後以降途絶えたが、彩雲堂の初代店主が明治40年代に復活させた。独自製法で練りあげた長方形の求肥に、薄緑の寒梅粉（餅を粉砕した粉）をまぶしたもので、鮮やかな緑が目を引く。上質の口どけと、もっちりとした弾力が魅力。

販売 彩雲堂 シャミネ松江店（駅直結「シャミネ松江」）

実食CHECK □ 中浦食品
どじょう掬いまんじゅう
8個入 864円／
12個入 1,296円

ユーモラスなひょっとこ面を形どった銘菓

民謡「安来節（やすぎぶし）」の「どじょう掬い踊り」に使う、ひょっとこ面と青い水玉模様の手ぬぐいをモチーフにしたまんじゅう。昔ながらのしっとりとした白あんを、あっさりした生地が包み込む。「白あん」「こしあん」「抹茶あん」「梨あん」「苺あん」などの種類がある。

販売 中浦本舗 シャミネ松江店（駅直結「シャミネ松江」）

LONG SELLER ロングセラー

実食CHECK □ 風流堂
山川 1枚入 1,058円

不昧公の歌にちなんだ紅白の落雁

紅白で一対になっている落雁で、赤は紅葉の山、白は川を表す。口に入れるとさっと溶け、甘味が後を引かない。紅白なので、縁起物としても人気。日本三大名菓の一つに数えられ、松江藩主・松平治郷（不昧公）の歌「散るは浮き 散らぬは沈むもみじ葉の 影は高尾の山川の水」にちなんで命名。

販売 松江銘菓（駅直結「シャミネ松江」）

中国

実食Check ☑ 桂月堂

薄小倉（うすおぐら） 6個入りパック 842円

ロングセラー

大納言小豆を使った和のスイーツ

1809（文化6）年創業の老舗が作る、北海道産の大納言小豆を使った銘菓。小豆を秘伝の蜜に3日間漬け込み、丁寧に炊きあげた後、錦玉（寒天と砂糖を煮詰めたもの）を流し込み、釜でじっくり乾燥させる。あっさりした甘みで、小豆本来の旨みが感じられる。

販売 桂月堂 松江シャミネ店（駅直結「シャミネ松江」）

実食Check ☑ みやげ山海

しまねっこからの クイズ挑戦状 734円

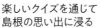

楽しいクイズを通じて 島根の思い出に浸る

サクサク食感のホワイトチョコ入りクレープロールクッキー。島根県の観光キャラクター「しまねっこ」がパッケージや個包装にデザインされており、個包装には島根にちなんだクイズがプリントされ、島根の魅力に触れることができる。

販売 おみやげ楽市（駅直結「シャミネ松江」）

実食Check みやげ山海

宍道湖しじみパイ

7本入 669円～

宍道湖のしじみの風味を洋風パイにミックス

宍道湖の名産として知られるしじみの粉末と、風味豊かな地元のしじみ醤油を加えたパイ菓子。サクサクとした軽い食感とほんのり甘じょっぱい独特の風味が特徴で、コーヒーや紅茶との相性が抜群。

販売 おみやげ楽市（駅直結「シャミネ松江」）

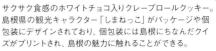

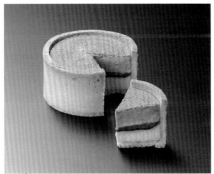

実食Check ☑ KAnoZA（カノザ）

抹茶フォンデュ 2,500円

香り立つ抹茶ととろけるブリュレで 山陰の魅力を表現

島根県松江市の中村茶舗の厳選抹茶で作る絶品スイーツ。マスカルポーネチーズとホワイトチョコをブレンドした「抹茶クリーム」、味に深みを与える濃厚な「抹茶ソース」、島根県産の卵を使ったなめらかな「ブリュレ」の3層を、タルト生地が包む。タルト生地の形状は、たたらや陶芸などに見られる出雲の"炎"をイメージしている。

販売 KAnoZA シャミネ松江店（駅直結「シャミネ松江」）

実食Check ☐

山陰堂
名菓舌鼓

1個 248円／4個入 1,113円～

**時の総理大臣も
絶賛した伝統銘菓**

1883（明治16）年創業の老舗和菓子店の、創業当初から作られてきた銘菓。ふんわりした求肥が、大手亡豆を使ったほのかな甘さの白あんを包み込む。当初は「舌鼓」だったが、時の総理大臣・寺内正毅から「名菓舌鼓と改称したほうがよかろう」と激賞され、以来「名菓舌鼓」を名乗る。

販売 山陰堂 新山口店（新幹線改札口付近）、おみやげ街道 新山口店（新幹線口付近）

ロングセラー

実食Check ☐

吹上堂
利休さん　16個入 810円

**宇部で親しまれている
一口サイズの蒸しまんじゅう**

お茶どころ、山口県宇部市でお茶請けの菓子として親しまれてきた銘菓。一口サイズの小さな蒸しまんじゅうで、1921（大正10）年創業の宇部の老舗店が手掛ける。宇部産の米粉をミックスした生地は、独特のもちもち食感。黒あんと白あんの2種類がある。

販売 おみやげ街道 新山口店（新幹線口付近）、セブン-イレブン ハートイン JR新山口駅新幹線口店・在来改札口店（駅構内）

ロングセラー

千利休が愛した「利休さん」

「利休さん」は、黒糖風味の皮であんを包んだ素朴な蒸しまんじゅう。実は山口だけでなく、全国各地に存在し、地域や製造元によって「利休さん」「利休まんじゅう」など商品名が異なる。千利休が好んだとする説が知られるが、地域によっては黒糖の産地である琉球にちなみ、「琉球まんじゅう」から「利休まんじゅう」に転じたとする説もある。

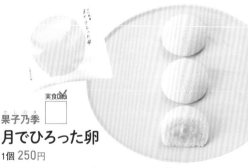

実食Check ☐

果子乃季
月でひろった卵

1個 250円

カスタードクリームが入ったふんわり蒸しカステラ

満月のように丸いお菓子。地元の名水「琴名水」で蒸しあげたふわふわのカステラ生地で、山口県産の牛乳で作るまろやかなカスタードクリームと国産の和栗を包み込む。1,500個に1個の割合で、うさぎの焼き印が入るサプライズも。

販売 果子乃季 新山口駅店（新幹線改札口付近）、おみやげ街道 新山口店（新幹線口付近）

実食Check □ やまぐち寶楽庵 （ほうらくあん）
吉田松陰串だんご
12串 702円

松陰ファンなら味わいたい よもぎ餅の串だんご

明治維新の原動力となった偉人たちに大きな影響を与えた長州藩の思想家、吉田松陰。そのシルエットと家紋、名言がプリントされたパッケージが目を引く。中には、こしあん入りのよもぎ餅に、たっぷりのきな粉をまぶして串刺しにした昔ながらの串だんご。大の甘党だったとされる吉田松陰も、気に入ってくれるかも。

販売 おみやげ街道 新山口店（新幹線口付近）

実食Check □ たけなか
夏みかん丸漬 箱入り 1,080円

夏みかんをまるごと！

「夏みかん丸漬」は、古くから萩地方に伝わる伝統のスイーツ。夏みかんの中身をくり抜き、その形を維持させたまま、羊羹を流し込んで作る。「たけなか」では、自社で夏みかんの栽培、加工、販売まですべてを行う。保存料を使用していないので、みかん本来の風味を堪能したい。

販売 おみやげ街道 新山口店（新幹線口付近）

実食Check □ 寿堂
山口夏みかんラングドシャ
10枚入 918円〜

夏みかんの風味を堪能する人気商品

山口県特産の夏みかんを100％使用して作る甘酸っぱいチョコレートプレートを、サクッとしたやさしい味わいの生地で挟んだラングドシャ（クッキー）。夏みかんの豊かな香りと、さわやかな味を堪能しよう

販売 おみやげ街道 新山口店（新幹線口付近）

実食Check □ 井上商店
ふぐ煎餅
16枚入 1,188円

ふぐの豊かな旨みを 辛マヨ風味で

山口の水産加工会社が手掛ける逸品。ふぐの身を練り込んでサクッと焼きあげた、豊かな旨みと風味が詰まったせんべい。ピリッとしたほどよい辛さのからしマヨネーズを和え、サクサクの歯ごたえに仕上げた。おやつや酒のつまみにぴったり。

販売 おみやげ街道 新山口店（新幹線口付近）

尾道駅
おの　みち
JR山陽本線

実食Check☑
□ 尾道市
　農業協同組合

因島のはっさくゼリー　12個入 2,150円
いんの　しま
因島のはっさくシャーベット　5個入 1,050円

シュールな「ハッサクボーイ」が目印

広島県の因島は、はっさく発祥の地。「因島のはっさくゼリー」には、因島産はっさくの果実がたっぷり入り、果肉感と軽快なのど越しがたまらない。容器にデザインされている「ハッサクボーイ」のとぼけた顔がシュールだ。姉妹品の「因島のはっさくシャーベット」との詰合せもオススメ。

販売 おみやげ街道尾道（駅構内）

実食Check☑
□ 島ごころ
瀬戸田レモンケーキ「島ごころ」
1個 270円／5個入 1,350円

瀬戸田レモンの香りと旨みを満喫！

日本一のレモンの生産地、尾道市瀬戸田町でとれた「瀬戸田レモン」の風味を生かした逸品。"香りを楽しむ"本物のレモンケーキというコンセプトのもと、香り成分が強い果皮から作られたレモンジャムを生地に練り込んでいる。生地のベースとなる小麦粉は、最高級国産小麦粉を使用し、生地の比重を季節ごとに調整している。

販売 おみやげ街道尾道（駅構内）

実食Check☑
□ まるか食品
イカ天瀬戸内れもん味
324円

瀬戸内れもんの風味がたっぷり！

サクッと揚げた一口サイズのイカ天に、瀬戸内産れもんで味付けをしたおつまみスナック。リアルなれもんの味わいと酸味で全国的な人気を獲得し、2013（平成25）年の発売以来、3000万食以上を出荷している。

販売 おみやげ街道尾道（駅構内）

© 島ごころ

中国のご当地駅みやげ

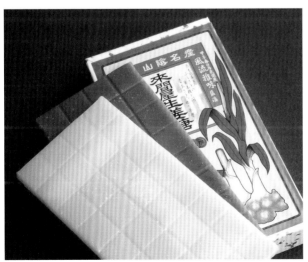

出雲市駅
（いずもしえき）

JR山陰本線

実食Check

寿製菓
出雲のお福わけ
2個パック
378円〜

良縁・幸福を届ける
人気まんじゅう

縁結びの神・福の神として名高い出雲大社にあやかり、良縁を連想させる"仕掛け"が凝らされたまんじゅう。白い生地に「赤あん」と称したこしあんを入れ、縁起のいい紅白を表現している。あんの中には、神話「因幡の白うさぎ」にも登場する大黒神にちなんで、「玉大黒」という黒大豆の蜜漬けを入れた。あんの甘さと豆のホクホク感がほどよい。

販売 アトネスいずも寿製菓（駅直結「アトネスいずも」西館）

実食Check

來間屋生姜糖本舗
（くるまやしょうがとうほんぽ）
生姜糖・抹茶糖
詰め合わせ　1,237円

キリッとした
生姜の風味を堪能

生姜糖の原料は、出雲市内の斐川町出西地区でとれる「出西生姜」と砂糖のみ。炭火で煮詰め、一つずつ手作業で仕上げる。一口食べると、キリッとした生姜の辛みと素朴な甘さが広がる。出雲産の抹茶をふんだんに使った「抹茶糖」と食べ比べながら堪能しよう。

販売 セブン-イレブン ハートイン JR出雲市駅（駅構内）

JR山陽本線・伯備線
倉敷駅
<small>くらしき</small>

実食Check
藤戸饅頭
藤戸まんぢゅう
5個（竹の皮包み）
500円

800年以上の歴史をもつ名物まんじゅう

倉敷で古くから親しまれている銘菓として知られ、平安時代の源平合戦の頃、村人の供養のために供えられたのがルーツとされる。地元の麹を使った酒粕を絞って作る甘酒を、小麦粉とよく混ぜ合わせ、北海道産の小豆で作るこしあんを包み、蒸しあげる。麹の風味が漂う皮により、小豆本来の旨みが引き出された逸品で、昔ながらの竹の皮で包んだものもある。

販売 おみやげ街道倉敷（駅構内）

実食Check **橘香堂**
<small>きっこうどう</small>
むらすゞめ
4個入 **680円〜**

編み笠をイメージした和菓子

倉敷の銘菓の一つ。生地をクレープ風に薄く焼き、北海道産小豆の粒あんを包み込む。地元の豊作祈願の祭りで使われる編み笠をイメージしたフォルムで、地元では明治より親しまれている。稲穂のような色合いと、生地の表面にできた気泡のブツブツから、米に群がるスズメとして「むらすゞめ」と命名された。

販売 おみやげ街道倉敷（駅構内）ほか

JR山陰本線
倉吉駅
<small>くらよし</small>

実食Check
石谷精華堂
打吹公園だんご
<small>うつぶき</small>
10本入 **1,040円**

あんが餅を覆う異色の3色だんご

1880（明治13）年創業の老舗団子店が手掛ける3色の串団子。地元の餅米粉に砂糖、水飴を加えて練りあげ、できあがった餅を白あん（白）、小豆あん（赤）、抹茶あん（緑）の3種で包む。添加物を一切使わず、創業以来変わらぬ味を守り通している。

販売 くらよし駅ヨコプラザ（駅隣接）

JR姫新線・津山線
津山駅 <rt>つやま</rt>

実食Check ☑ 桐襲本舗 京御門
桐襲 <rt>きり かさね</rt>
5個入 **432円**〜

柚子の香りを楽しむ津山の銘菓

津山特産の柚子で作るミニサイズのまんじゅう。柚子を練り込んだ白あんを、薄皮の生地で包み込む。しっとりとした口あたりで茶席に使われることもある。全国にファンも多く、上品で趣がある。「桐襲」とは、女の子が生まれると桐の木を植えて子孫繁栄を願ったという風習のことで、娘が嫁に行くときには育った桐で桐タンスにして花嫁道具にしたという。

販売 にぎわい交流館（駅前）

JR山陽新幹線・山陽本線・福塩線
福山駅 <rt>ふくやま</rt>

実食Check ☑ 虎屋本舗
元祖名物 虎焼
5個入 **980円**〜

虎模様の名物どら焼き

江戸時代中期、当時の当主が屋号にちなんで虎の模様に焼きあげたのがルーツ。新鮮な瀬戸内産卵とアカシア蜂蜜で作るかすてら生地で、北海道産小豆を使用した自家製粒あんを挟む。カステラ生地と粒あんの絶妙なバランスを堪能したい。

販売 虎屋本舗 さんすて福山店（駅直結「さんすて福山」1階）

実食Check ☑ 虎屋本舗
たこ焼きにしか見えない シュークリーム **800円**

みんなが笑顔になる驚きのスイーツ

一見すると普通のたこ焼きにしか見えないが、実はシュークリームという驚きの一品。ソースは秘伝のショコラソース、鰹節は薄くスライスしたミルクチョコレート、青のりは抹茶で仕立て、木船と楊枝を添えてパッケージした。食べた瞬間に驚きと笑顔が訪れること、間違いなし。

販売 虎屋本舗 さんすて福山店（駅直結「さんすて福山」1階）

実食Check 巌流本舗
招きふく 6個入袋 799円

大切な相手へ「ふく」の贈り物

下関といえば、フグ。地元では"福"にかけて「ふく」と呼ぶ。「招きふく」は一口サイズの焼菓子で、北海道産の小豆で作るあんをたっぷり詰め込み、パイ生地で包んで焼きあげた。オーブントースターで焼き直せば、できたてに近い食感になる。縁起のいいネーミングから、ゲンを担ぎたいときの贈り物に選びたい。

実食Check 巌流本舗
長州の女
ひと
5個入袋 734円

幕末の長州に想いをはせて

歌手・北島三郎のヒット曲『函館の女』から着想し、1978（昭和53）年から販売開始。幕末の長州を生きた女性の健気さを、菓子で表現した。ラム酒が利いたカステラ風ケーキ生地で、小豆あんを包み込む。その和洋折衷の姿は、欧米列強が迫る幕末の長州そのもの。

販売 巌流本舗 下関大丸店（駅直結「大丸 下関店」地下1階）

気になる！ ご当地ポテトチップス

実食Check 新丸正
かつお節ポテトチップス
360円

かつお節メーカーが作る和風だし風味のポテトチップス。食べる直前に別添のかつお節を振り混ぜることで、豊かな風味を楽しむことができる。

販売 静岡駅（駿府楽市）、焼津駅（ベルマートキヨスク焼津）、熱海駅（伊豆・村の駅 ラスカ熱海店）ほか

実食Check 南光物産
超！ ゆずこしょうポテトチップス
650円

大分県発祥の調味料「ゆずごしょう」。中でも、その一大生産地である大分県日田市中津江村の最高級ゆずごしょうを贅沢に使用し、大人の辛口に仕上げた。

販売 別府駅（別府銘品蔵、ほっと！遊Spring、みやげのいえよし）

駅みやげ図鑑

第 8 章

四国

（香川県・徳島県・高知県・愛媛県）

高松駅	坂出駅
徳島駅	観音寺駅
高知駅	新居浜駅
松山駅	伊予西条駅
	宇和島駅

実食Check ☑

ばいこう堂
かがわだより
259円

とろけるような
口どけと
旅の思い出に浸る

香川県の特産品として知られる「和三盆」の中でも、「ばいこう堂」では香川県産さとうきびから採れる和三盆糖を使用。「かがわだより」は、瀬戸大橋や讃岐うどんなど、香川県の名所や名物をモチーフにした和三盆セット。とろけるような口どけと、和三盆ならではのやさしい甘みを感じながら、旅の思い出に浸ろう。

販売 四国ショップ88（駅前「マリタイムプラザ高松」1階）

©Pokémon. ©Nintendo/Creatures Inc./GAME FREAK inc.

実食Check ☑　ばいこう堂
和三盆ヤドン
箱入り
680円

愛らしいフォルムに癒される

うどん県PR団として活動しているポケモン「ヤドン」を形どった和三盆。ヤドンは尻尾が甘いといわれており、上品な甘さの和三盆と親和性の高いコラボ商品となっている。キュートな表情が再現されており、見ているだけでも癒される。

販売 ハレノヒヤ 高松オルネ店（駅直結「高松オルネ」北館1階）、四国ショップ88（駅前「マリタイムプラザ高松」1階）

濱惣
香川おいりソフト風味
サンドクッキー
実食Check ☐
12個入 1,695円

香川の人気グルメをクッキーで表現

香川の名物「おいりソフトクリーム」（おいりをトッピングしたソフトクリーム）をイメージしたクリームサンドクッキー。クリームの中にザクザク食感のフレークを散りばめて表現した。和三盆も使われている。

販売 ハレノヒヤ 高松オルネ店（駅直結「高松オルネ」北館1階）、四国ショップ88（駅前「マリタイムプラザ高松」1階）

実食Check ☑　山下おいり本舗
さぬきのおいり
幸せパック
380円

祝い事に彩りを添える郷土菓子

嫁ぎ先への手みやげにされ、香川県の嫁入り文化から生まれた米菓子「おいり」。サクッとした歯ざわり、フワッとした口どけの、繊細で幸せを感じさせる不思議な食感のお菓子で、ピンク、黄色、水色などカラフルな彩りが目を引く。

販売 ハレノヒヤ 高松オルネ店（駅直結「高松オルネ」北館1階）ほか

実食Check ☑ 宗家くつわ堂

ロングセラー LONG SELLER

小瓦せんべい

9枚(袋入り) **702円**

高松城の瓦をイメージ

JR高松駅からもほど近い「高松城(玉藻城)」の、瓦をモチーフにした堅焼きせんべい。うどんにも使われる小麦粉をベースに、深みのある味わいが特徴の「白下糖」という砂糖やゴマなどを練り込み、職人が一枚ずつ手焼きする。糖蜜のコクと堅焼きの香ばしさがとけ合い、深い味わいをもたらす。

販売 ハレノヒヤ 高松オルネ店 (駅直結「高松オルネ」北館1階) ほか

実食Check ☑ マルシン

うどん県うどん風味キャラメル

259円

香川のソウルフードがキャラメルに!?

言わずと知れた香川の名物、讃岐うどんをキャラメルで表現。讃岐うどんの出汁で使われている瀬戸内海産のいりこをキャラメルに練り込んだ。甘じょっぱい、クセになる風味をご堪能あれ。

販売 ハレノヒヤ 高松オルネ店 (駅直結「高松オルネ」北館1階)

実食Check ☑ マルシン

茶のしずく

1個 **172円**／
3個入 **540円**〜

「高瀬茶」の旨みを堪能

幻のお茶と呼ばれる香川県産の「高瀬茶」の一番茶を使ったまんじゅう。外側から「しっとりとした高瀬茶の生地」「高瀬茶を練り込んだなめらかなあん」「とろける高瀬茶の蜜」の3層構造になっており、三つの異なる食感が楽しめる。

販売 高松銘品館 (駅構内)、Graceful Gift Shop by ハレノヒヤ (駅直結「高松オルネ」北館1階)

実食Check ☑ 菓子工房ルーヴ

讃岐おんまいミルクつつみ

5個入 **648円**

香川のうまいものを集めたミルクまんじゅう

香川県産の素材をふんだんに使ったミルクまんじゅう。「おんまい」とは、「お菓子」「おいしいもの」を表す香川の方言。県産の和三盆糖や希少糖をブレンドし、国産牛乳を使ってミルクあんの旨みを極限に引き上げ、ソフトな生地で包み込む。パッケージには、源平合戦の舞台になった景勝地・屋島から眺める夕景が描かれており、心が和む。

販売 ハレノヒヤ 高松オルネ店 (駅直結「高松オルネ」北館1階)

実食Check マルシン

金のしずく 1個 172円／3個入箱 540円

黄金色の蜜を内包した芋まんじゅう

徳島県産のブランドサツマイモ「鳴門金時」を使ったまんじゅう。生地、鳴門金時芋あん、芋の蜜の3層構造になっている。白あんをベースにした鳴門金時あんには、かくし味として高級砂糖の和三盆糖が練り込まれ、あんの中心に黄金色に輝くクリーミーな芋の蜜がある。

販売 おみやげ一番館（駅直結「徳島駅クレメントプラザ」地下1階）、KONDO-SYOTEN（駅直結「徳島駅クレメントプラザ」地下1階）、徳島銘品館（駅構内）ほか

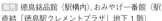

実食Check 栗尾商店

鳴門 うず芋 250g 756円

特製の蜜を絡めた鳴門金時のスイーツ

高級サツマイモ「鳴門金時」を使った和菓子の専門店、栗尾商店の看板商品。ふかした鳴門金時を、特製の蜜床に漬け込んで乾燥させたもので、イモ本来の風味、甘味を味わうことができる。昭和初期、蜂蜜と砂糖で芋納豆のようにして地元で販売したのが、「鳴門うず芋」のルーツだという。10〜5月の季節限定販売。

販売 徳島銘品館（駅構内）、おみやげ一番館（駅直結「徳島駅クレメントプラザ」地下1階）

季節限定

実食Check 鳳月坊

鳴門っ娘

40g×6袋入 1,360円

見た目もサツマイモにそっくり！

サツマイモを模したユニーク商品。地元名産のサツマイモ「鳴門金時」を、最高級の砂糖とされる「阿波和三盆糖」と練り合わせ、職人が手作業でサツマイモの形に整え、紫芋の粉末をかけて仕上げる。見た目はもちろん、イモの素朴な甘さも魅力。

販売 岡田糖源郷（駅前／サンルートホテル1階）

128

実食Check　**ハレルヤ**
☐ **金長まんじゅう**
1個 130円
6個入 886円

伝説のタヌキがモチーフ

チョコ風味の生地で白あんを包み込んだまんじゅう。タヌキたちが大戦争を繰り広げたという徳島の伝説「阿波狸合戦」で活躍した「金長」というタヌキをモチーフにしており、茶色い生地と白あんのコントラストでタヌキの体を表わしている。チョコのほろ苦い味わいと白あんの甘さが、絶妙に調和する。

販売 ハレルヤスイーツキッチン 徳島駅クレメントプラザ店（駅直結「徳島駅クレメントプラザ」地下1階）

実食Check　**イルローザ**
☐ **マンマローザ**
1個 162円／
5個箱入り 864円

ミルキーな風味がどこか懐かしい

徳島の洋菓子店「イルローザ」の人気商品。国内産の小麦を使った生地に、徳島産の牛乳で作られた生クリーム仕立てのミルクあんを詰め込んだ乳菓で、一口ほお張ると、口の中にミルクの香りが広がる。

販売 おみやげ一番館（駅直結「徳島駅クレメントプラザ」地下1階）、徳島銘品館（駅構内）、セブン‐イレブン 徳島ダイワロイネットホテル店（駅前）

実食Check　**日之出本店**
☐ **ぶどう饅頭**
5本入 648円

"武道"にちなんでブドウを模した銘菓

薄皮の生地であんを包んだまんじゅうで、地元では100年以上愛され続けている。武道の上達祈願で訪れる人が多い剣山の参拝みやげとして開発され、"武道"にちなんで五つのまんじゅうを連ねてブドウを模した。「ミルクキャラメル」をヒントに、あんにミルク（練乳）を練り込んでいる。

販売 おみやげ一番館（駅直結「徳島駅クレメントプラザ」地下1階）、のもん徳島（駅直結「徳島駅クレメントプラザ」地下1階）、徳島銘品館（駅構内）ほか

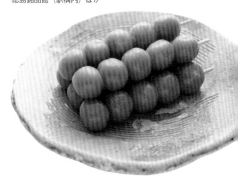

実食Check　**小男鹿本舗 冨士屋**
☐ **小男鹿** 一棹1本 2,160円

つくね芋を使った蒸菓子

うるち米、餅粉、大納言小豆などを原料にした蒸菓子。シフォンのような見た目だが、膨張剤などは使わず、コシの強いつくね芋の膨張力だけで蒸しあげる。表面には抹茶仕立ての緑線を入れ、青紅葉の間を通る風を表す。素材本来のやさしい風味と甘みが特徴で、茶菓子として人気だ。

販売 小男鹿本舗 冨士屋 徳島駅前店（駅前）、小男鹿本舗 冨士屋 アミコ東館店（駅前「アミコ」東館地下1階）

高知駅

こうち

実食Check ☑ 青柳

土左日記

8個入 1,080円

歌人・紀貫之を偲ぶ

高知の代表的な銘菓の一つ。北海道産の小豆で作ったこしあんを、国内産の餅粉で作った求肥でくるみ、寒梅粉(餅米を蒸した後、それを焼いて乾燥させてから粉末にしたもの)をまぶしたもので、寒梅粉のカリッとした食感がアクセントになる。歌人・紀貫之の『土佐日記』は、高知を全国に紹介した最初の文献であり、貫之を偲んで命名された。

販売 高知銘品館(駅構内)

実食Check ☑ 菓舗 浜幸

かんざし 4個入 540円

かんざし

甘酸っぱい柚子の香りがGOOD！

高知の代表的な銘菓の一つ。柚子風味の白あんをマドレーヌ風の生地で包み、ホイル焼きしている。ホイルを開封すると、甘酸っぱい柚子の香りが漂う。民謡「よさこい節」の「坊さんかんざし買うを見た♪」の歌詞で表現された"ほろ苦い"恋物語を、柚子に託している。

販売 高知銘品館(駅構内)、とさ屋(南口駅前「とさてらす」)

実食Check ☑ 菓舗 浜幸

白花梅檀 6個入 1,080円

しろ ばな せん だん

植物学者・牧野富太郎ゆかりのまんじゅう

北海道産小豆の皮をむいて炊きあげたあんを、薯蕷(とろろ芋)をまぜた生地で包んだ"薯蕷まんじゅう"。すっきりした甘さで、抹茶に合うと好評だ。「白花梅檀」は花の名前で、高知県出身の植物学者・牧野富太郎博士が命名。美しくて希少な白花梅檀に、そのイメージを重ねた。

販売 高知銘品館(駅構内)

130

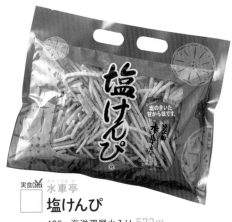

実食Check 水車亭

塩けんぴ

465g 海洋深層水入り 572円

海洋深層水塩がかくし味に

高知県で絶大な人気を誇る名物菓子「芋けんぴ」に、ほんのり塩味を利かせた「塩けんぴ」。細くカットした国内産のサツマイモを、オリジナルブレンドの食油でじっくり揚げている。表面には、高知県室戸の海洋深層水塩と砂糖を合わせて炊きあげた蜜をコーティング。サツマイモがもつ自然の甘みと塩とのバランスがよく、後引くうまさ。

販売 高知銘品館（駅構内）

実食Check 右城松風堂

筏羊羹 1本 200円／5本入 1,050円

四万十川の風物詩をイメージした郷土菓子

"最後の清流"として知られる四万十川では、かつて上流域で切り出した材木を筏に組んで下流へ運搬する光景が見られた。地元の風物詩ともいえるその光景をモチーフにしたのがこの羊羹で、1908（明治41）年創業の老舗店が手作りで製造している。

販売 高知銘品館（駅構内）

実食Check スウィーツ

田野屋塩二郎プチシューラスク

10枚入 1,080円

驚くほどの口どけ感を堪能したい

高知県田野町で作られた日本でも数少ない完全天日塩「田野屋塩二郎」を使い、パティシエたちが手作業で炊きあげた塩キャラメルをラスク専用のシュー皮に絡め、アーモンドスライスをのせて焼きあげた。試行錯誤を重ね、サクサク感はそのままに、くちどけのよさを実現させた。

販売 高知銘品館（駅構内）、とさ屋（南口駅前「とさてらす」）

実食Check

ワンデースイーツラボ

大豊ブルーベリーチーズケーキ

1個 486円

大豊産ブルーベリーと「とさレモン」の絶妙のハーモニー

豊かな自然が育んだ「ゆとりすとベリー農園」（高知県大豊町）のブルーベリーを使ったチーズケーキ。皮ごと食べることができる高知県産「とさレモン」を使ったチーズケーキ生地は、ブルーベリーの自然な甘さと相性抜群。自家製アーモンドクッキークランブルがアクセントになる。

販売 高知銘品館（駅構内）

LONG SELLER
ロングセラー

柚子の風味が利いた松山銘菓

実食Check

一六本舗

一六タルト

柚子 1本 **972**円

松山の銘菓「一六タルト」は、香り高い愛媛県産の柚子を加えたこしあんをやわらかな生地で巻いたもの。断面の「の」の字がユニークだ。一口食べると、さわやかな柚子の風味とやさしい甘さが広がる。「柚子」が定番だが、「甘夏みかん」や「塩レモン」など期間限定の味もある。

販売 一六本舗 駅前店（駅前）、松山銘品館（駅構内）、セブン‐イレブン Kiosk 松山駅店（駅構内）

実食Check

山田屋

山田屋まんじゅう

10個入 **1,566**円

一つの商品だけを作り続ける老舗の人気まんじゅう

幕末の1867（慶応3）年の創業以来、一子相伝の製法で守り続けられてきた伝統の味。北海道十勝産の小豆だけを使ったこしあんを、透けて見えるほどの薄皮で包まれた、一口サイズのまんじゅう。ほどよい甘さが好評で、著名人にもファンが多い。夏は少し凍らせて食べるのもオススメ。

販売 松山銘品館（駅構内）

実食Check

うつぼ屋

坊っちゃん団子 5本入 **626**円

カラフルで懐かしい3色の団子

夏目漱石の小説『坊っちゃん』に登場する団子にちなんで作られるようになった松山名物。各メーカーで製造されているが、3色の団子を串刺しにするスタイルが一般的だ。「うつぼ屋」の坊っちゃん団子は、道後温泉本館のお茶菓子に採用されており、あんの口どけのよさにこだわり、地元で大人気。

販売 松山銘品館（駅構内）、セブン‐イレブン Kiosk 松山駅店（駅構内）

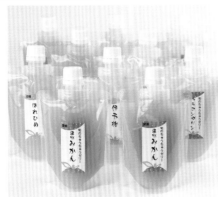

実食Check 田那部青果

ちゅうちゅうゼリー 1個 380円

完熟期のもっともおいしい果物の恵み

愛媛県産の完熟した柑橘類のストレート果汁を、贅沢にたっぷり使った"飲むゼリー"。プロの目利きで完熟期の果実だけを厳選し、丁寧に搾って果汁を作る。果物の実をまるごと味わっているようなコクがあり、ジュースのような、ゼリーのような不思議な食感が特徴。「温州みかんゼリー」「伊予柑」「ポンカン」などのラインナップがあるが、旬の果実を扱うので、時期によって販売される果実の種類は変わる。

販売 松山銘品館（駅構内）、セブン-イレブン Kiosk 松山駅店（駅構内）

実食Check 一福百果・清光堂

まるごとみかん大福

1個 454円

愛媛みかんをダイナミックにアレンジ

愛媛県内でもおいしいと評判の南予地域のみかんを使用。皮をむき筋も取って、まるごと大福に収めた。みかんの本場・愛媛県にふさわしい大きなみかんにこだわり、その大胆な見た目はインパクト抜群。

販売 松山銘品館（駅構内）

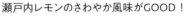

実食Check 亀井製菓

瀬戸内レモンたい焼き

3個入 453円

瀬戸内レモンのさわやか風味がGOOD！

瀬戸内海を泳ぐ鯛を形どったカステラまんじゅう。はちみつと伯方の塩をほんのり利かせたカステラ生地で、白あんを包む。白あんには、さわやかな風味の瀬戸内産レモンをプラスしている。

販売 松山銘品館（駅構内）

実食Check 名物かまど

名物かまど 3個入パック 272円〜

テレビCMを通じて香川では有名に

ふっくらと丸みを帯び、中央にくぼみがある独特の形は、塩を炊くかまどを模したもの。古くから塩業で栄えた坂出ならではの焼菓子だ。白いんげん豆（手亡豆）と卵の黄味を使って炊きあげた黄味あんは、昔ながらのやさしい甘さ。地元では昔からテレビCMが流れ、「か〜ま〜ど〜、か〜ま〜ど〜」のCMソングでおなじみ。

販売 坂出駅南口店（南口駅前）、セブン - イレブン Kiosk 坂出駅店（駅構内）

実食Check 白栄堂

銘菓 観音寺 10個入 1,300円

寛永通宝の焼き印が入る"かんまん"

1897（明治30）年創業の老舗が手掛ける、観音寺の銘菓。地元では「観音寺まんじゅう」を略した"かんまん"の呼び名で親しまれている。白あんをベースにした特製黄身あんを、バターをふんだんに使った洋風生地で包み込み、和洋折衷の趣がある。表面には、観音寺の人気観光スポット「銭形砂絵」の寛永通宝の焼き印を入れる。

販売 おみやげどころ観音寺店（駅構内）

JR予讃線
新居浜駅
（にいはま）

別子銅山の名前を冠した伊予路の銘菓

別子銅山（1973年閉山）を擁した新居浜の銘菓。明治期の創業以来の製法を守り、銅釜で水飴を炊きあげて作られるミルク風味の飴は、どこか懐かしい素朴な味わい。みかん、いちご、ココア、抹茶、ピーナッツ、珈琲の6種類のセットになっており、包み紙の色によって味を見分けることができる。

販売 セブン‐イレブン Kiosk 新居浜駅店（駅構内）

実食Check ✓ 別子飴本舗
別子飴 箱入230g 760円

JR予讃線
伊予西条駅
（いよさいじょう）

実食Check ✓ たぬき本舗
たぬきまんじゅう 6個 496円
たぬきまんじゅう抹茶 6個 561円
たぬきまんじゅういちご 6個 561円

必勝祈願の贈り物としても人気

一口サイズのまんじゅう。じっくりと練りあげたつぶあんを、口どけのいいまろやかな桃山生地で包み込む。西条市に伝わる「喜左衛門狸」の伝説にちなむ商品名で、このたぬきの賢さは日本一とされ、「他（た）を抜く（ぬき）んでる」として必勝祈願の贈り物にもされる。愛媛県久万高原町産の抹茶を使った「抹茶」、愛媛県西条市産イチゴを使った「いちご」もオススメ。パッケージのデザインが愛らしい。

販売 セブン‐イレブン Kiosk 伊予西条駅店（駅構内）

三谷鬼板本舗
鬼板せんべい 8枚入 362円 実食Check ✓

鬼でも割ることができなかった堅焼きせんべい

霊峰・石鎚山がそびえる愛媛県西条市の名物。明治期以来約100年の歴史があり、今なお職人が手作業で焼きあげ、仕上げには「石鎚山」の焼き印を入れる。地元の民話で"鬼でも割れなかったせんべい"といわれたのが、「鬼板」の名称のルーツ。堅焼きのせんべいを割れば、胡麻と生姜の香りが漂う。

販売 セブン‐イレブン Kiosk 伊予西条駅店（駅構内）

JR予讃線

宇和島駅
（うわじま）

LONG SELLER ロングセラー

実食Check ☑

浜田三島堂

てんやわんやの善助餅

10個入り 1,250円

小説の主人公・
越智善助が食べた餅が由来

作家・獅子文六が、宇和島市に隣接する津島町での暮らしをもとに書いた小説『てんやわんや』。その登場人物が、一度に31個もたいらげたという餅菓子を再現したもの。羽二重餅のようなモチモチのやわらかい餅で、粒あんを薄く包み込む。一口で食べやすいサイズなので、ついつい手が伸びる。

販売 セブン-イレブン Kiosk 宇和島駅店（駅構内）

実食Check ☑

福本製菓舗

大番（おおばん）　5個入箱 630円

宇和島を舞台にした作品の
映画化にちなんで誕生

柚子の香りのあんを、ふんわりカステラ生地でサンドした和風ブッセ。生地の表面に散りばめられているつくね芋の白いそぼろが、パリッとしたアクセントになっておいしい。宇和島を舞台とする獅子文六の小説『大番』の映画化をきっかけにして誕生したもので、映画の主人公の姿がパッケージの包装紙にデザインされている。

販売 セブン-イレブン Kiosk 宇和島駅店（駅構内）

九州

（福岡県・佐賀県・大分県・宮崎県・
熊本県・長崎県・鹿児島県）

博多駅
小倉駅
佐賀駅
別府駅
大分駅
宮崎駅
熊本駅
長崎駅
佐世保駅
鹿児島中央駅

大牟田駅
武雄温泉駅
有田駅

実食Check ☑

明月堂
博多通りもん
5個入 720円～

「博多どんたく」にちなんだ福岡の代表名菓

やわらかい白あんを西洋菓子風の皮で包んだ「博多通りもん」は、明月堂の看板商品。福岡の初夏の風物詩「博多どんたく」で、三味線を弾き、笛や太鼓を鳴らして練り歩く人たちのことを、博多弁で「通りもん」というのだとか。

販売 明月堂 博多駅マイング1号店・2号店（駅直結「マイング」）、明月堂博多デイトス1号店・2号店（駅直結「デイトス」1階）ほか

実食Check ☐

ひよ子本舗吉野堂
博多あまおう ひよ子のたまご
4個入 735円～

かわいいひよ子から「たまご」が生まれた！

福岡名産のイチゴ「あまおう」を贅沢に使用したジャムを、しっとりソフトなガレット生地でやさしく包み焼きあげた。仕上げにやさしい甘さのあまおうフォンダンをコーティング。酸味がほどよく利いている。JR博多駅とJR小倉駅での限定販売。

販売 おみやげ街道 博多（新幹線改札内）、おみやげ本舗博多（1階コンコース）ほか

実食Check ☐

ひよ子本舗吉野堂
名菓ひよ子 7個入 1,161円

愛らしい姿に誰もがほほ笑む

1912（大正元）年、当時の店主の夢枕に現れたのがきっかけで、福岡・飯塚で誕生して100年以上。白あんと卵黄で仕上げた「黄味あん」を、九州産小麦粉を練りあげた皮に包み、職人がオーブンで香ばしく焼きあげる。ひよ子の愛らしい姿に、誰もがほほ笑むことまちがいなし！

販売 ひよ子本舗吉野堂 博多駅マイング店（駅直結「マイング」）、ひよ子本舗吉野堂 博多駅デイトス1号店・2号店（駅直結「デイトス」1階）ほか

実食Check ☐

東雲堂
とううんどう
二〇加煎餅
にわかせんぺい
小3枚入 4箱 648円

博多仁和加の半面をイメージ

にわか面という半面を着けて博多弁で会話を進め、オチをつけて話をまとめる博多の郷土芸能「博多仁和加」。そのユニークなにわか面を形どった銘菓で、上質の小麦粉と卵をたっぷりと使い、香ばしく焼きあげた。サイズは中、小、特大の3種類。

販売 東雲堂 博多駅マイング店（駅直結「マイング」）、東雲堂 博多阪急店（駅ビル「博多阪急」地下1階）、博多銘品蔵 各店（駅構内）ほか

実食Check 二鶴堂

博多バームスティック
10本入 540円～

「博多の女」から生まれたもう一つの逸品

バームスティック誕生の出発点は、「博多の女」をつくる工程で発生する、バームクーヘンのカリカリに焼けた部分の切り落とし。バームクーヘンらしからぬカリッ、サクッとした食感があり、ザラメをまぶすことで旨みが引き立つ。スティック状だから食べやすい。

販売 二鶴堂 博多マイング店（駅直結「マイング」）、二鶴堂 博多デイトス店（駅直結「デイトス」1階）、博多銘品蔵 各店（駅構内）ほか

実食Check 二鶴堂

博多の女（ひと）
6個入 389円～

可憐な博多人形の
パッケージが目印

高度成長時代末期の1972（昭和47）年、日本人の味覚の嗜好の変化に合わせ、和洋折衷をコンセプトにして誕生。洋菓子のバームクーヘンの穴に、和菓子の小豆羊羹を流し込み、一口サイズにカット。包み袋とパッケージは、やさしくて美しい博多の女をイメージさせる博多人形が飾る。

実食Check 博多菓匠 左衛門（さえもん）

博多ぶらぶら 6個入 864円～

パッケージのキャラクターがインパクト大

北海道産の小豆で求肥を包んだお菓子。求肥には佐賀県の一等米「ひよく米」を使用。素朴でほどよい甘みがあり、一口サイズで食べやすい。絵師・西島伊佐雄氏が描いたパッケージのキャラクターが目を引く。福岡県ではテレビCMを通じて有名に。

販売 博多菓匠 左衛門 博多マイング店（駅直結「マイング」）、博多銘品蔵 各店（駅構内）ほか

実食Check ふくや

明太せんべい ふわぴりり
20枚入 540円／40枚入 1,080円

ピリ辛の明太子風味がアクセントに

辛子明太子の元祖、ふくやのお菓子。国産米を100％使った軽い食感のせんべいに、ふくやの明太子を漬込む際の調味液を粉末状にしたパウダーをまぶして味付け。レトロ感あふれるパッケージも秀逸で、40枚入では、底面にある中敷きのイラストが「間違い探し」になっている。

販売 ふくや 博多駅地下街店（駅直結「博多駅地下街」）、ふくや 博多デイトス売店（駅直結「デイトス」1階）ほか

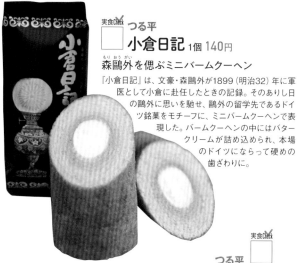

実食Check □ つる平

小倉日記 1個 140円

森鷗外を偲ぶミニバームクーヘン

『小倉日記』は、文豪・森鷗外が1899（明治32）年に軍医として小倉に赴任したときの記録。そのありし日の鷗外に思いを馳せ、鷗外の留学先であるドイツ銘菓をモチーフに、ミニバームクーヘンで表現した。バームクーヘンの中にはバタークリームが詰め込まれ、本場のドイツにならって硬めの歯ざわりに。

実食Check □ つる平

ぽんつく 1個 173円

愛嬌たっぷりの「ぽんつく侍」が目印

カスタードクリームをきめ細かいスポンジで包み込んだ銘菓。抹茶味、カスタードクリーム味、バナナ味の3種があり、冷やしてもおいしい。「ぽんつく」とは、「間抜けでも、愛嬌があって憎めない人」。パッケージに描かれている「ぽんつく侍」というキャラクターが愛らしい。

販売 お菓子のつる平 アミュプラザ店（駅ビル「アミュプラザ小倉」西館1階）

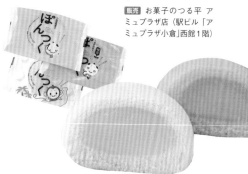

実食Check □ 合馬天然水

水玉ぷるん 1包装（3玉入） 1,080円

地元の天然水で作る新感覚のスイーツ

北九州の「合馬天然水」を使ったスイーツ。天然水を寒天でゼリー状にした"水玉"を、食品用のゴム風船に詰め込んだ。これをつまようじで刺して割り、出てきた水玉に付属の黒蜜ときな粉をかけて、ぷるんとした食感とともに味わう。冷やすとさらにおいしい。

販売 小倉銘品蔵（駅構内）

実食Check □ ネジチョコラボラトリー

ネジチョコ 15個入 1,404円

締めて遊べるユニークチョコ

世界遺産「官営八幡製鉄所」の関連施設が点在する北九州ならではの、ボルトとナットを模したチョコレート。実際に締めて遊ぶことができるほど、精巧なフォルムに仕上げられている。カカオ50%のスイートチョコは、ほどよい甘さとほんのりビターな味わい。

販売 小倉銘品蔵（駅構内）、保賀屋（駅直結「アミュプラザ小倉」西館1階）

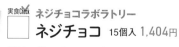

JR長崎本線

佐賀駅

さが

実食Check ☑ **村岡総本舗**

小城羊羹・特製切り羊羹
おぎ ようかん
（小倉・紅煉・本煉・抹茶）各900円

ロングセラー

江戸時代から続く
伝統製法で手掛けた逸品

「羊羹の町」と称される佐賀県小城市に本店を構える老舗店の人気商品。日が経つと外側の砂糖のシャリ感が増してくるのが特徴で、これは江戸時代から続く伝統製法ならではのもの。独特の風味を引き出すため、角寒天という伝統的な材料を使っている。

販売 村岡総本舗 佐賀駅店（駅直結「えきマチ1丁目」）

ロングセラー

実食Check ☑ **鶴屋**

佐賀銘菓 元祖丸房露 1個86円
まる ぼう ろ

元祖店が手掛ける伝統の味

「丸房露」は、佐賀県の代表的な銘菓。ヨーロッパから伝来した南蛮菓子の一つで、350年ほど前に「鶴屋」の2代目が長崎でその製法を学び、佐賀に持ち帰ったのがルーツとされる。小麦、卵、砂糖、蜂蜜から作るシンプルな焼菓子で、卵風味の飽きのこないおいしさが魅力。

販売 鶴屋 佐賀駅店（駅直結「えきマチ1丁目」）

実食Check ☑ **甘夏かあちゃん**

呼子夢甘夏ゼリー 1,760円

甘夏の皮を器にしたゼリー

佐賀県唐津市呼子町の加部島でとれた特産の甘夏みかん「呼子甘夏」を使ったゼリー。呼子甘夏を絞った果汁から作るゼリーは、素材そのものの味が生き、酸味と甘味が絶妙。甘夏の皮を器にしているのも面白い。

販売 さが風土館 季楽（駅前「コムボックス佐賀駅前」）

実食Check ☑ **ざびえる本舗**
ざびえる　6個入 745円〜

フランシスコ・ザビエルを称える南蛮菓子

府内（現在の大分市中心部）にキリスト教の教えを広め、小学校や病院を建てた宣教師フランシスコ・ザビエル。ザビエルらがもたらした南蛮文化をイメージし、ビスケット風の皮で白あんを包み、和洋折衷を表現している。ラム酒漬けのレーズンをあんに練り込んだ「金」と、プレーン白あんの「銀」の2種類を用意。

実食Check ☑ **後藤製菓**
生姜の幸　うすきせんべい
（しょうが）（うすき）
5枚入 648円〜

木目模様をあしらった"食べられる工芸品"

江戸時代、臼杵藩の参勤交代の保存食がルーツ。大分県産の小麦粉を主原料として焼きあげた素焼きせんべいに、臼杵産生姜と北海道産甜菜糖を掛け合わせた生姜蜜を職人が一枚一枚手塗りし、生姜のさわやかな香りに甜菜糖の甘さが加わる。白い刷毛目模様は、臼杵という地名の"臼"の木目を表し、工芸品のような上品な逸品だ。

販売 ほっと！遊 Spring（駅直結「えきマチ1丁目別府」）

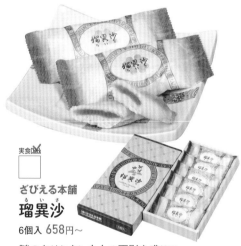

実食Check ☑

ざびえる本舗
瑠異沙
（るいさ）
6個入 658円〜

謎のキリシタン少女の面影を感じて

大分県佐伯市に残るキリシタンの墓石に「るいさ」という女性の洗礼名が見られ、これをモチーフにして作られた歴史ロマンあふれる銘菓。バイオレットリキュールで香りづけしたすみれ色のあんを、ミルクとバター風味のカステラ生地でくるみ、アルミホイルに包んで焼きあげている。大分の歴史を感じる、味わい深い一品。

販売 別府銘品蔵（駅直結「えきマチ1丁目別府」）、ほっと！遊 Spring（駅直結「えきマチ1丁目別府」）

実食CHECK✓ **三味ざぼん店**

ざぼん漬け 琥珀（こはく）／べっこう 各653円

宝石のように美しいざぼん漬け

南九州に伝わる昔ながらの郷土菓子「ざぼん漬け」。別府特産の「阿久根文旦（ぶんたん）」を使い、水飴と砂糖だけで作るオリジナルの蜜でざぼんを炊きあげ、一口サイズにカットしてカップに収めた。風味豊かな「琥珀」、あっさりした甘みの「べっこう」があり、いずれも宝石のようにように美しい。

販売 別府銘品蔵（駅直結「えきマチ1丁目別府」）

ざぼん漬け

「ざぼん」は、直結20cmにもなる大きな柑橘類。主に南九州で栽培され、鹿児島では「ぼんたん」と呼ばれている。「ざぼん漬け」は、その皮を原料にして蜜で炊きあげる。

実食CHECK✓ **宝コンフェクト**

大分 極みのとり天せんべい

12枚 889円〜

グレードアップしたとり天せんべい

大分県のソウルフードとして親しまれている「とり天」（鶏肉の天ぷら）をせんべいにした「謎のとり天せんべい」の、プレミアム版として誕生。大分県産の鶏肉を練り込んだ生地の上に、米と揚げ玉をのせ、鉄板で挟んで焼いた。サクサクした食感はもちろん、本物のとり天ならではの旨みも感じられる。

販売 別府銘品蔵（駅直結「えきマチ1丁目別府」）

実食CHECK✓ **南光物産**

かぼすグミ 380円

「黄かぼす」の熟成した味わい

大分県特産の「黄かぼす」の果皮と果汁を使った、大粒で食べ応えのあるグミ。グミ独特の弾力、歯ごたえがあり、酸味がさわやか。「黄かぼす」とは、緑色のうちに収穫する一般的なかぼすに対し、木になったまま熟成させたかぼす。熟すと黄色くなり、甘みが増す。

販売 別府銘品蔵（駅直結「えきマチ1丁目別府」）、ほっと！遊 Spring（駅直結「えきマチ1丁目別府」）ほか

実食CHECK✓ **南光物産**

ざぼん漬 170g 490円

ヨーグルトや紅茶にも合う

九州の郷土菓子「ざぼん漬」。本商品は、生の完熟した国産ざぼんの皮とワタの部分を使用し、砂糖と秘伝の蜜でじっくりと煮詰めて作る。すべて手作業で、添加物や着色料は使用していない。食べやすいサイズにカットされていて、そのままでもおいしいが、ヨーグルトや紅茶、クリームチーズのトッピングにするのもオススメ。

販売 別府銘品蔵（駅直結「えきマチ1丁目別府」）、ほっと！遊 Spring（駅直結「えきマチ1丁目別府」）

大分駅
（おおいた）

JR日豊本線・久大本線・豊肥本線

実食Check 松葉家菓子舗
一伯 8個入 1,296円～

豊後ゆかりの大名にちなんだ大分の銘菓

徳川家康の孫、松平忠直は出家後、豊後で茶の湯を愛好し「一伯」を名乗った。「一伯」は、忠直が茶の湯の席に出した菓子を想像して生まれたもの。こしあんをくるんだ求肥を薄皮もなかで挟み、見た目にも味わいにも気品を感じる。外箱には、松葉家の紋章に加え、徳川家の葵の紋が描かれている。

販売 大分銘品蔵（駅直結「豊後にわさき市場」）

実食Check 松葉家菓子舗
六方焼

10個入（こしあん） 486円

魅惑のきつね色のキューブ

もともと郷土の大衆菓子だった六方焼を、松葉家の初代店主が「大分市に名物を」と思い立ち、1951（昭和26）年ごろから大分駅で販売を始め、いまや地元の銘菓の一つになった。こしあん入りの生地をキューブ（立方体）状にし、6面押しできつね色になるまで焼くことから、「六方焼」の名がある。

販売 大分銘品蔵（駅直結「豊後にわさき市場」）

実食Check 赤司菓子舗
しっとり餡ぽてと 6個入 1,723円～

宮崎産サツマイモを使った和風スイートポテト

大分・湯布院に本店を構える和菓子店の人気商品。南国の大地が育んだ宮崎産サツマイモで作るスイートポテト生地が、厳選した小豆で作るつぶあんを包み込む。夏は冷して、冬は温めて食べるのがオススメ。

販売 大分銘品蔵（駅直結「豊後にわさき市場」）

実食Check ☑ **オードファーム**
大分いっち
2個入 **699**円
5個入 **1,760**円

大分の農園が育てたイチゴのグラッセをサンド

大分のいちご農園「オードファーム」がプロデュースしたクッキーサンド。クッキー生地の中には、農園で育てたイチゴ「さがほのか」のグラッセと、ホワイトチョコレートを使ったクリームがサンドされていて、クッキーの甘みとイチゴのさわやかな酸味が口に広がる。アーモンド生地にイチゴグラッセをサンドした姉妹品「大分あっち」もオススメ。パッケージのデザインも秀逸。

販売 大分銘品蔵（駅直結「豊後にわさき市場」）

実食Check ☑ **やせうま本舗**
豊後銘菓 やせうま
5個入 **756**円～

大分の伝統料理を大胆にアレンジ

大分県の郷土料理「やせうま」（練った小麦粉を平たく延ばして茹であげ、きなこや砂糖をまぶしたもの）を、日持ちさせ、持ち運びしやすい一口サイズの和菓子にアレンジ。自家焙煎・自家製粉したきな粉をあんにして求肥で包み、餅のような半生菓子に仕上げた。竹皮のパッケージも秀逸で、結び紐には大分県の特産品、七島い草を使用している。

販売 大分銘品蔵（駅直結「豊後にわさき市場」）

実食Check ☑ **菊家**
南蛮浪漫 ボンディア
8個入 **1,382**円

クルミの風味にポルトガルを重ねて

1978（昭和53）年、大分市がポルトガルのアベイロ市と姉妹都市になった記念に作られた。「ボンディア」は、ポルトガルで「おはよう」の意味。ポルトガルのスイーツによく使われるクルミを練り込んだ小豆あんを、パイ生地で包んで焼きあげた。クルミの食感に、バターの香ばしさが合う。抹茶や桜など季節限定の味もある。

販売 大分銘品蔵（駅直結「豊後にわさき市場」）

菊家 実食Check ☑
ゆふいん創作菓子ぷりんどら
1個 **237**円

プリンがどら焼きに！？

その名の通り、プリンをどら焼きのようにしたユニークな逸品。阿蘇小国のジャージー乳にバニラビーンズで風味づけしたプリンを、どら焼き生地でサンド。生地の甘さをカナダ産のメープルシロップが引き立てる。子どもはもちろん、大人にも好評だとか。

販売 大分銘品蔵（駅直結「豊後にわさき市場」）

実食CHECK 風月堂

元祖チーズ饅頭

6個入 1,011円～

芳醇なクリームチーズを味わう
宮崎の銘菓

クッキー生地でクリームチーズを包んだ宮崎県生まれの洋風まんじゅう。1980年代に誕生し、今では県内の各菓子店で作られるようになった。その発祥店の一つとして知られる風月堂の「元祖チーズ饅頭」は、サクサクした生地に包まれたクリームチーズが絶妙な味わい。

販売 宮崎銘品蔵（駅直結「アミュプラザみやざき」1階 ひむか きらめき市場）

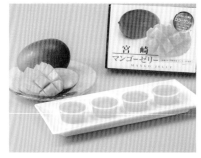

実食CHECK 南寿製菓

宮崎マンゴーラングドシャ

10枚入 939円～

宮崎県産マンゴーづくしの人気商品

南国の太陽をいっぱい浴びて育った宮崎県産マンゴーは、高級フルーツの代名詞。そのマンゴーを煮詰めた濃厚なジャムを練り込んだラングドシャ（クッキー）生地に、マンゴーパウダー入りのチョコレートをサンドした。濃厚なマンゴーチョコの甘さと、トロピカルなマンゴーの香りを堪能しよう。

実食CHECK 南寿製菓

宮崎マンゴーゼリー

6個入 772円～

マンゴーのうまみを凝縮した
トロピカルスイーツ

全重量のうち、宮崎県産の熟したマンゴーを3％使用。マンゴーのうまみが詰まったみずみずしいマンゴーゼリーで、南国気分を。ぷるんと弾むコラーゲンを配合しているのもうれしい。

販売 宮崎銘品蔵（駅直結「アミュプラザみやざき」1階 ひむか きらめき市場）、トロピカルハウス（駅直結「アミュプラザみやざき」1階 ひむか きらめき市場）

実食Check **お菓子の日高**

なんじゃこら大福
1個 520円

中からイチゴや栗が出てきて「なんじゃこら!?」

イチゴ大福、栗大福、クリームチーズ大福を一つにまとめるという発想から、1988（昭和63）年に誕生した人気商品。こぶしほどの大きな大福を割ると、つぶあんとともにイチゴ、栗、クリームチーズがごろりと出てくる。初めて食べた人の感想が、「なんじゃこら!?」だったことから、この商品名になったという。

販売 お菓子の日高 宮崎駅店（駅直結「アミュプラザみやざき」1階 ひむか きらめき市場）

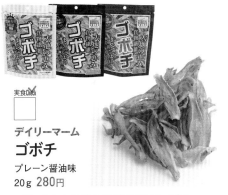

実食Check

デイリーマーム
ゴボチ
プレーン醤油味
20g 280円

パリッとした食感の国産ごぼうチップス

宮崎県は国内有数のゴボウの産地。その宮崎県産のゴボウをパリッとした食感のチップスに仕上げた大人気商品で、食物繊維が多いゴボウそのもののうまみを生かし、風味が豊か。原材料はすべて国産のものを使用している。定番の「プレーン醤油」のほか、「ピリ辛」「ブラックペッパー」の味がある。3種類を食べ比べできる「ゴボチアラカルト」もオススメ。

販売 宮崎銘品蔵（駅直結「アミュプラザみやざき」1階 ひむか きらめき市場）、トロピカルハウス（駅直結「アミュプラザみやざき」1階 ひむか きらめき市場）

実食Check **ユタカ商会**

宮崎マンゴーのたまご
8個入 972円～

インパクト抜群のマンゴー菓子

名産のマンゴーを使った宮崎のみやげの中でも、一風変わったマンゴー菓子。全体がホワイトチョコレートでコーティングされ、見た目がまるでゆで卵のよう。半分に切ると、中から黄身ならぬマンゴー味のあんが出てくる。上品な甘さと見た目のインパクトが◎。

販売 宮崎銘品蔵（駅直結「アミュプラザみやざき」1階 ひむか きらめき市場）、トロピカルハウス（駅直結「アミュプラザみやざき」1階 ひむか きらめき市場）

実食Check **お菓子の日高**

日向夏マドレーヌ
1個 180円

日向夏の酸味と風味がさわやか

宮崎県を代表する特産品の一つである日向夏は、グレープフルーツのような爽やかな甘酸っぱさが特徴。宮崎県産日向夏の果汁を使ったマドレーヌは、控えめな酸味、風味と、しっとりした生地がマッチしている。

お菓子の香梅
誉の陣太鼓
実食Check ☐
4個入 864円～

パッケージの製法にもこだわりが光る

北海道産の最高級大納言小豆で作る小豆あんで、太鼓を形どった銘菓。小豆あんの中には、トロトロの求肥がくるまれ、甘さ控えめですっきりとした味わいだ。紙缶詰製法によるひだ折りのパッケージで密閉し、防腐剤を使わなくても保存がきくようになった。

販売 お菓子の香梅 熊本駅店（駅構内「肥後よかモン市場」）

熊本駅
（くまもと）

JR九州新幹線・鹿児島本線・豊肥本線

実食Check ☐
福田屋 熊本和栗庵
栗千里 8個入 1,166円　栗好き 6個入 1,361円

名産の栗を使った和のスイーツ

熊本県産の和栗を使った焼きモンブランの「栗千里」と、とれたての県産和栗に砂糖と水飴だけを加えて作った「栗好き」。日本有数の栗の産地、熊本の味覚が堪能できるスイーツで、どちらもしっとりした食感と栗の風味が口の中に広がる。

販売 福田屋 熊本和栗庵 JR熊本駅店（駅構内「肥後よかモン市場」）ほか

実食Check ☐
長寿庵
いきなり団子
1個 190円

塩味と甘味のバランスが絶妙！

「いきなり団子」は、輪切りにしたサツマイモをあんでくるみ、小麦粉の生地で包んで蒸しあげた郷土菓子。長寿庵の「いきなり団子」は、モチモチに仕上げた生地のほのかな塩味と、サツマイモとこしあんの甘さのバランスが絶妙。「いきなり」とは、熊本の方言で「手早い」の意味で、突然お客が来訪してもすぐに出せることを表すという。

販売 長寿庵 熊本駅肥後よかモン市場店（駅構内「肥後よかモン市場」）

フジバンビ

黒糖ドーナツ棒 くまもんパッケージ

実食Check ☑

60本 2,603円

熊本のソウル菓子

選び抜かれた小麦粉と、ミネラルが豊富な沖縄の黒糖を使用した棒状のドーナツ。地元ではおやつの定番として親しまれており、表面はドーナツらしからぬサクッとした食感がある。揚げ菓子でも油っぽくないのは、油にこだわった証し。おみやげには、「くまもん」のパッケージ版がオススメ。

販売 フジバンビ 熊本駅店（駅構内「肥後よかモン市場」）

古今堂

濃厚生チーズケーキ 1592（ひごくに）

実食Check ☑

3個入 594円〜

世界が認める絶品牛乳で作る生チーズケーキ

国際味覚審査機構で最高峰の三ツ星を受賞した阿部牧場（熊本県阿蘇市）の「ASO MILK」。その搾りたてのミルクを使った自家製のクリームチーズと白あんを練り込み、熊本県産の小麦粉で作る生地で包み込む。一口食べると、まるでテリーヌのような生食感と、濃厚なチーズの風味が広がる。「1592」は阿蘇山の最高峰、高岳の標高（1592m）と肥後国を表す。

販売 菓舗古今堂 JR熊本駅店（駅構内「肥後よかモン市場」）ほか

古今堂

阿蘇くまもとろーる

実食Check ☑

1本 1,582円

「くまモン」をあしらった SNS映えロールケーキ

熊本の人気ゆるキャラ「くまモン」をプリントしたロールケーキ。県産の米粉でできたスポンジケーキの中には、甘さ控えめの九州産生クリームがたっぷり。しっとり・もっちりした食感が楽しい。カットする前に、誰もがスマホで撮影したくなる出来ばえだ。

販売 菓舗古今堂 JR熊本駅店（駅構内「肥後よかモン市場」）

老舗園田屋

元祖 朝鮮飴 (ちょう せん あめ)

実食Check ☑

200g 691円

朝鮮出兵時に加藤清正が絶賛した!?

飴といっても、餅米と水あめ、砂糖を練り込んであるため、餅のような食感で、甘さは控えめ。もともとは「長生飴」「肥後飴」と呼ばれたが、戦国武将・加藤清正が朝鮮出兵の際に持参し、現地の気候風土でもうまさが変わらない保存食として重宝したとされ、「朝鮮飴」の名称に。

販売 くまもと旬彩館（駅構内「肥後よかモン市場」）、熊本銘品蔵（駅構内「肥後よかモン市場」）

風雅

風雅巻き

実食Check ☑

5種15本入 1,296円

有明海産の香ばしい海苔で巻いた豆菓子

高品質の豆に衣をつけ、秘伝のたれで味付けし、有明海産の若摘み焼海苔でくるんだ豆菓子。「醤油大豆」「醤油ピーナッツ」「醤油カシューナッツ」「わさび大豆」「塩カシューナッツ」の5種の味のセットで、海苔の「ぱりっ」とした食感と、豆の「さくっ」とした食感を味わいたい。

販売 くまもと旬彩館（駅構内「肥後よかモン市場」）、熊本銘品蔵（駅構内「肥後よかモン市場」）

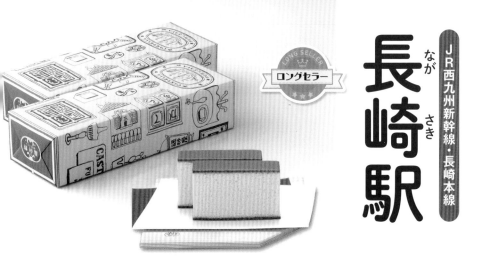

実食Check ☑ **カステラ本家 福砂屋**

カステラ1号
2,268円

職人の"手わざ"にこだわった長崎を代表する銘菓

1624（寛永元）年創業の老舗の、長崎カステラの定番。機械に頼らず、職人の"手わざ"にこだわった伝統の製法を守り、卵の白身と黄身を別々に泡立てる「別立法」という製法により、ふっくら、しっとりの仕上がりを生み出す。カステラの底の方で、ザラメ糖のジャリジャリした食感が感じられるのは、伝統の長崎カステラの特徴の一つ。

販売 カステラ本家 福砂屋 長崎駅売店（駅直結「長崎街道かもめ市場」）、カステラ本家 福砂屋 アミュプラザ長崎売店（駅直結「アミュプラザ長崎」本館1階）

小浜食糧 実食Check ☐

クルス
12枚入 810円

生姜の風味がたまらない

「クルス」とは、ポルトガル語で「十字架」のこと。十字架が刻まれたオリジナル生地に、ホワイトチョコレートがサンドされている。チョコに加えられている生姜の風味がアクセントとして彩りを添える。洋画家・鈴木信太郎氏が描いたパッケージのイラストも必見だ。

販売 ボンパティ 長崎駅店（駅直結「長崎街道かもめ市場」）

実食Check ☐ **白水堂**

桃かすてら
大 **880円**／小 **770円**／こもも（箱入り）**500円**

長崎ではひな祭りや祝い事に欠かせない

縁起物の桃をかすてらに融合させた逸品。しっとり焼きあげたかすてら生地に、桃を形どったカラフルなフォンダン（蜜）がのる。長崎ではひな祭りのお祝いとして、桃かすてらを食べる文化がある。

販売 白水堂 長崎街道かもめ市場店（駅直結「長崎街道かもめ市場」）

実食Check 蘇州林
麻花兒（マファール）
15本入 1,080円

独特の歯ごたえがクセになる

長崎で親しまれている揚げ菓子「よりより」の定番商品の一つ。昔ながらの製法で、1本1本手で編むようにして作る。無添加にこだわり、素材本来のほんのりとした甘味が感じられ、見た目以上に固いがその歯ごたえも魅力となっている。

販売 蘇州林 長崎街道かもめ市場店（駅直結「長崎街道かもめ市場」）

岩崎本舗 実食Check
長崎角煮まんじゅう
6個入 3,078円

「東坡肉」をおやつ感覚で手軽に味わう

長崎の卓袱料理で味わえる「東坡肉」という豚の角煮を、秘伝の配合で作ったふわふわの生地でサンド。アンデス高原肉を使った角煮の、柔らかさとジューシーさでやみつきになるおいしさ。電子レンジや蒸し器で温めてからいただく。

販売 岩崎本舗 長崎駅店（駅直結「長崎街道かもめ市場」）

実食Check 茂木一〇香本家
一〇香（いっこっこう）
5個袋入 648円

中は空洞の不思議な焼き菓子

普通のまんじゅうのように見えるが、中が空洞になっている焼菓子。焼く前にはあんが詰まっているが、窯で焼いているとあんが膨れて外皮にへばりつき、空洞になるのだ。空洞でも生地は硬く、パリッとした歯ごたえ。一口食べると香ばしいことから「一〇香」と命名された。

販売 長崎お土産 すみや（駅直結「長崎街道かもめ市場」）、ながさきセレクト SUMIYA（駅直結「アミュプラザ長崎」本館1階）

実食Check 二鶴堂
新幹線かもめロングバームクーヘン
870円

西九州新幹線乗車の記念に

西九州新幹線を走るN700S「かもめ」にちなむ人気商品。新幹線「かもめ」をデザインした外箱の中に、長さ約50cmの細長いバウムクーヘンが入っている。しっとりやわらかく、やさしい甘さで、どこか懐かしい。

販売 長崎銘品蔵（駅直結「長崎街道かもめ市場」）

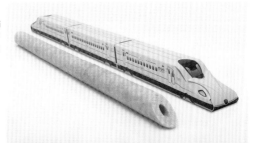

実食Check ☑ **ぽると総本舗**

☐ **ぽると** 1個 **165円**／5個入 **1,080円～**

ポルトガルの港町に思いを馳せる南蛮菓子

ザクザク食感のビスケット生地で、長崎・壱岐産の柚子風味の羊羹をサンド。一口食べると口いっぱいに柚子の風味が広がり、ビスケット独特の食感も楽しめる。古くから交易を重ねたポルトガルの港町、ポルトにちなんで命名し、南蛮菓子という位置づけで昭和30年頃に誕生した。

販売 佐世保銘品蔵（駅直結「えきマチ1丁目 佐世保」）

実食Check ☑ **大和製菓**

☐ **やまとの味カレー**

10袋入 **540円**

佐世保で親しまれているピリ辛スナック

佐世保市民の間で長く親しまれているおやつの定番。ピリッとスパイシーなカレー味のスナックで、辛さは子どもでも食べられる程度なので安心だ。侍のイラストをあしらったパッケージが目印。

販売 大和製菓 JR佐世保駅店（駅構内）

実食Check ☑ **九十九島せんぺい本舗**

☐ **九十九島せんぺい** 8枚入 **756円～**

パリッと香ばしい味わいの長崎銘菓

縁起物である亀の甲羅を模した六角形のせんぺい。リアス海岸が織りなす景勝地の九十九島をイメージして、ピーナッツを散りばめた。1951（昭和26）年に誕生し、当時より守り続けた材料・製法で、職人の手により一枚一枚丁寧に作られている長崎土産の定番。

販売 佐世保銘品蔵（駅直結「えきマチ1丁目 佐世保」）

ロングセラー

実食Check
薩摩蒸気屋
かすたどん
1個 130円／
6個入 930円

カスタードクリーム入りの鹿児島の伝統銘菓

ふわっとしたスポンジ生地の中に、鹿児島産の卵を使ったカスタードクリームが入った鹿児島の伝統銘菓。あっさりとした味わいで老若男女に親しまれている。「かすたどん」の名称は、「カスタード」に敬称の「殿（鹿児島弁で「どん」）」をつけたもの。

販売 薩摩蒸気屋 JR鹿児島中央駅店（駅直結「さつまち」みやげ横丁内）、かるかん本舗 中央駅前店（駅東口から徒歩すぐ）ほか

実食Check
明石屋
軽羹 8号 1,512円〜

薩摩藩主が招き入れた
菓子職人が創案した

幕末、薩摩藩主・島津斉彬が江戸より招き入れた菓子職人により創作されたといわれる銘菓。自然薯（山芋）と米粉、砂糖だけで作られる蒸し菓子で、独特の香りとやわらかな口あたり、ほのかな甘みが特徴。あん入りの「軽羹饅頭」も人気。

ロングセラー

販売 明石屋 鹿児島中央駅店（駅直結「さつまち」みやげ横丁内）ほか

実食Check
本家文旦堂
西郷せんべい 2枚入×4袋 648円〜

どこか懐かしいインパクト抜群の名物せんべい

西郷隆盛の姿の焼き印が押された、鹿児島らしさ満点のせんべい。発売開始から50年以上、伝統の製法を受け継ぎながら、世代を超えて愛されている。縦約16㎝の大きさで、食べごたえ抜群。パリッとした歯ごたえと、素朴で懐かしい味わいがやみつきに。

販売 鹿児島銘品蔵（駅直結「さつまち」みやげ横丁内）ほか

実食Check
徳重製菓とらや
創作生かるかん 3個入 572円〜

「軽羹」を現代風にアレンジ

鹿児島の銘菓「軽羹」の特徴を生かしながら、独自アレンジを加えたオリジナル商品。霧島の天然水と地元産の自然薯を使って蒸しあげ、あんを包んで半月形に仕上げた。あんは3種（こしあん、桜あん、蜜柑あん）あり、しっとりとした食感と上品な風味が楽しめる。

販売 薩摩菓子処とらや（駅直結「さつまち」みやげ横丁内）ほか

実食Check **徳重製菓とらや**

タルトじゃっど（紫いも・安納いも）
8個入 1,389円〜

鹿児島県産の2色のイモが彩りを添える

ボート型のタルト生地の上に、鹿児島県産の安納芋、または紫芋で作るクリームをのせた洋風焼菓子。安納芋は甘め、紫芋は甘さ控えめで、どちらもバター風味のタルトと相性抜群。「じゃっど」は、鹿児島弁で「ですよ」の意味。

販売 薩摩菓子処とらや（駅直結「さつまち」みやげ横丁内）ほか

実食Check **フェスティバロ**

唐芋レアケーキ ラブリー
5個入 980円〜

客室乗務員たちが愛する 人気スイーツ

鹿児島県の特産品「唐芋」を使ったレアケーキ。イモの風味が口いっぱいに広がり、なめらかでクリーミーな食感がたまらない。定番の「ラブリー」のほか、季節限定レアケーキや焼き菓子があるのも魅力。「航空機の客室乗務員たちがこぞって買う」というクチコミで、全国的な知名度を獲得した。

販売 フェスティバロ 鹿児島中央駅店（駅直結「さつまち」みやげ横丁内）、フェスティバロ アミュプラザ鹿児島店（駅直結「アミュプラザ鹿児島」地下1階）

実食Check **山福製菓**

スイートポテトン
5個入 432円〜

ブタの形が愛らしいスイートポテト

鹿児島県産サツマイモをベースに、新鮮な生クリームとバターなどを加え、黒ブタを形どったキュートなスイートポテト。サツマイモの甘さとやさしい口あたりが魅力で、「紅さつま」と「紫芋」の2つの味が楽しめる。

販売 山福製菓 鹿児島中央駅店（駅直結「さつまち」みやげ横丁内）ほか

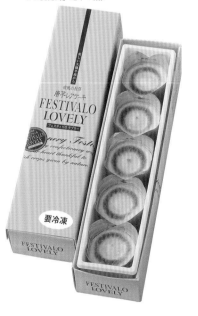

要冷凍

実食Check **まるはちふくれ菓子店**

ふくれ菓子
小サイズ 200円〜
大サイズ 410〜460円

蒸しパンに似た 南九州の郷土菓子

「ふくれ菓子」は、南九州で昔から作られてきた郷土菓子。バターを使わず、昔ながらのシンプルな原料にこだわり、小麦粉に砂糖や卵、ソーダ（天然重曹）を加え、釜で蒸しあげる。定番のプレーンのほか、けせん（シナモン）やココア、抹茶、落花生などラインナップは豊富。

販売 鹿児島銘品蔵（駅直結「さつまち」みやげ横丁内）ほか

JR鹿児島本線／西日本鉄道
大牟田駅
（おおむた）

実食Check 総本家黒田家
草木饅頭
1個 57円／10個入 562円

炭坑の作業員を支えた
大牟田の銘菓

しっとりとした生地で白あんを包み、蒸しあげて作る地元の銘菓。鉄道員だった初代店主が1914（大正3）年、炭坑の町・大牟田の草木地区で創業した。砂糖が貴重だった時代、炭坑の作業を終えた労働者たちが、真っ先に欲したのは甘いものだった。「草木に旨い饅頭あり」と評判が広がり、地元の名物に。

販売 総本家黒田家 駅前店（駅前）

JR西九州新幹線・佐世保線
武雄温泉駅
（たけおおんせん）

実食Check ゆきたや菓子舗
たけおどら 各種
1個 216円（チーズクリームこしあんは281円）

「武雄温泉楼門」の
イラストがGOOD！

武雄温泉の温泉街にそびえる「武雄温泉楼門」（国の重要文化財）を描いたパッケージが目を引く人気みやげで、地元の老舗和菓子店が製造。6種の味（小倉あん、栗あん、抹茶あん、白あん、柚あん、チーズクリームこしあん）がある。

販売 武雄温泉駅観光案内所（駅構内）

JR佐世保線／松浦鉄道
有田駅
（ありた）

実食Check 有田焼カレーの有田テラス
有田焼チーズケーキ（S）
市松桜 2,160円

美しき有田焼で味わうスイーツ

地元の名産「有田焼」の器で焼いたチーズケーキ。クリームチーズや佐賀県産の卵をたっぷりと使い、まろやかでとろけるような食感に仕上げた。食べ終えた容器は再利用できるので、おみやげにぴったり。

販売 有田銘品館（駅構内）

155

特別コラム

"鉄道菓子"を探し求めて

写真・文／坪内政美

その地域の鉄道と深いゆかりのある "鉄道菓子" には、鉄道にまつわる知られざるエピソードが隠されていることもある。筆者がオススメする鉄道菓子を、ここに紹介しよう。

鉄道菓子——この言葉は、筆者が編み出した造語だ。JRの地方ローカル線や私鉄など、その駅前や沿線で営業する和洋菓子店、またはパン屋のなかで、店の創業のきっかけが鉄道敷設や開業などに大きく関わるものを指す。

鉄道敷設に深くかかわりそのまま定着したケースも

JR奥羽本線 峠駅（山形県米沢市）

峠の茶屋 峠の力餅

120年以上の歴史を持つ
立ち売りで有名な「峠の力餅」

「鉄道菓子」の代表格といえば、奥羽本線峠駅前で営む「峠の茶屋」の「峠の力餅」だろう。峠の力餅は、峠駅開業から2年後の1901（明治34）年、駅での立ち売り販売を開始。初代店主が奥羽本線最大の工事の難所であった福島〜米沢間の鉄道敷設工事に参加し、その際に店の大福餅を振る舞っていたことがきっかけだった。駅長の勧めもあって旅客向けに立ち売りを行うようになり、現在も立ち売り販売を続けている。

峠駅を出て徒歩3分ほどの至近距離にある「峠の茶屋」。その名の通り、山間部の人里離れた場所にある。茶屋では食事も提供（要予約）しているが、積雪期の11月中旬〜4月下旬は休業

キメの細かいこしあんを、塩味がほんのり利いたやわらかい餅で包む。掛け紙のデザインも秀逸だ。1箱8個入り

明治から昭和初期の鉄道敷設には、地域住民総出で工事に従事していたケースが多く、疲労回復や労いのために甘いおやつが提供された。鉄道完成後もそのおやつが根づき、地域の名物として愛され、現在まで続いているものがあるのだ。「なんでこんな何もない駅前にポツンと店があるのだろう?」と疑問に思ったとき、店主に創業の経緯を聞けば、鉄道ゆかりのエピソードが出てきて驚くことも少なくない。「鉄道敷設時に先代が参加して、店のまんじゅうを振る舞っていた」「実は元鉄道員で、リタイア後に地域を盛り上げようとパン屋を始めた」……などなど。知られざるエピソードが隠されていることも多く、それを偶然見つけたときの喜びこそ最大の魅力である。鉄道開業記

「青函トンネル着工記念発売」と
銘打っているのに注目

旧JR松前線 渡島福島駅
（北海道福島町）

成屋 トンネル羊羹

トンネルを模した一口羊羹は
〝青函トンネルの町〟の名物

　北海道最南端に位置する福島町。町内にはかつてJR松前線の渡島福島駅があったが、1988（昭和63）年、青函トンネル開通直前に松前線が廃止され、これに伴い消滅した。そんな鉄道のない町内にあって、名物になっているのが「トンネル羊羹」だ。青函トンネルの北海道側の坑口が福島町にあることにちなみ、和菓子店の成屋が製造している。

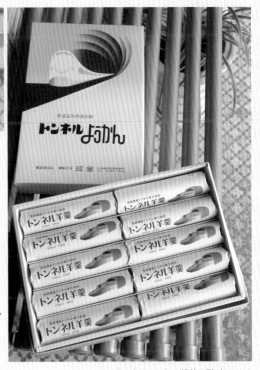

トンネルをイメージした筒状の形がユニーク。羊羹の甘さはほどよく、1968（昭和43）年の全国菓子大博覧会で有功金賞を受賞した。パッケージも印象的！

念などで商品化され、その後も長く愛された鉄道菓子だと、トンネルなどの施設名、線路名、列車愛称などが冠された商品名もあり、見つけた時はテンションが一気に上がる。

一方で、鉄道路線の廃止や駅の高齢化、コロナ禍による影響などの理由で、閉店や廃業を余儀なくされ、ひっそりと消えてしまった鉄道菓子も多い。鉄道建設に貢献した大切なアイテムだった鉄道菓子を、これからも探し求め、また応援していきたい。

坪内政美
つぼうち・まさみ

1974（昭和49）年香川県生まれ。いつでもどこでもスーツで撮影に臨む異色の鉄道カメラマン・ロケコーディネーター。各種鉄道雑誌などで執筆活動もする傍ら、テレビ・ラジオにも多数出演。四国の町おこしを目的とした貸切列車「どつぼ列車」の運行や、全国約２０駅にも及ぶ駅スタンプの製作・寄贈、鉄道関連のプロデュース・アドバイザーなども行っている。

ＪＲ徳島線 川田駅（かわた）（徳島県吉野川市）

長久堂 川田まんぢう

閉店を迎えるも、根強い人気に支えられて復活へ

1872（明治5）年創業の老舗和菓子店。明治期より川田駅前に店を構え、その駅名を冠した「川田まんぢう」を売り出し、駅の名物となっていた。しかし店舗の老朽化や職人の高齢化のため、2023（令和5）年10月に閉店。地元や鉄道ファンの間でショックが広がっていたが、その後に屋号と事業を引継ぐ会社が現れ、24（令和6）年3月に期間限定で復活した。近い将来には店舗での通年販売を目指しているという。ファンとしてうれしいニュースになった。

ありし日の川田まんぢう。一口大の薄皮まんじゅうで、上品な甘さと舌触りのいいこしあんがクセになる

編集
小野洋平・真柄智充

編集協力
美和企画（嘉屋剛史・古橋龍一）、遠藤則男

校正
切替智子

ブックデザイン
桜田もも

撮影
牧野和人、坪内政美

地図制作
伊藤真由美（ito）

旅鉄BOOKS 071

おいしいご当地駅みやげ大百科
お菓子・スイーツ編

2024年 5月1日　初版第 1 刷発行

編　者　「旅と鉄道」編集部
発行人　山手章弘
発行所　イカロス出版株式会社
〒101-0051 東京都千代田区神田神保町1-105
contact@ikaros.jp(内容に関するお問合せ)
sales@ikaros.co.jp (乱丁・落丁、書店・取次様からのお問合せ)

Printed in Japan　ISBN 978-4-8022-1418-6

駅で堪能、
ご当地の味！

旅鉄 BOOKS
駅グルメシリーズ

旅鉄 BOOKS 059
駅ビルご当地グルメ大百科

北海道から九州まで、全国81駅の駅ビルで楽しめるご
当地グルメのレストラン、食事処を一挙紹介。鉄道旅
はもちろん、出張などのビジネス移動の際にもとても役
立ちます。駅ビル限定なので、乗り換えなどのタイミン
グで悩まず気軽にグルメを楽しむことができます。

旅鉄 BOOKS 049
旨い駅そば大百科

有名な駅そばがある駅には、駅そばが流行る理由があ
りました。鉄道と駅の歴史的背景などから、旨い駅そ
ばの理由に迫ります。また、全国を撮影で飛び回る鉄
道カメラマンに聞く一度は食べてほしい至極の一杯や、
全国駅そば図鑑など、駅そばの奥深き世界へ誘います。

旅鉄 BOOKS 026
駅弁大百科

いま、空前のブームを巻き起こしている駅弁。本書では、
日本鉄道構内営業中央会が「駅弁販売駅」と認定する
すべての駅の駅弁を網羅しているほか、それ以外の駅
で購入できる名物駅弁も紹介。エリア別＞駅別＞駅弁
会社ごとに掲載し、旅先で駅弁を探しやすい構成です。

編者：「旅と鉄道」編集部　　　仕様：A5判／160ページ
発行：天夢人　発売：山と渓谷社　定価：1,980円（本体1,800円＋税10%）

持ち運びに便利な電子版も発売中！
※3冊とも共通です